小さな会社のための人があつまる勤続重視ジョブ型給与制度の作り方

人事給与コンサルタント
福田秀樹

自由国民社

・賃金が上がっている
・初任給も高くなっている
・人手不足で厳しい
しかし、人件費を上げるだけの原資がない…。
そんな状況が小さな会社の経営者が直面している厳しい現実ではないでしょうか？
ただ、そんな状況なのに、会社の賃金体系は次ページのようになっていませんか？

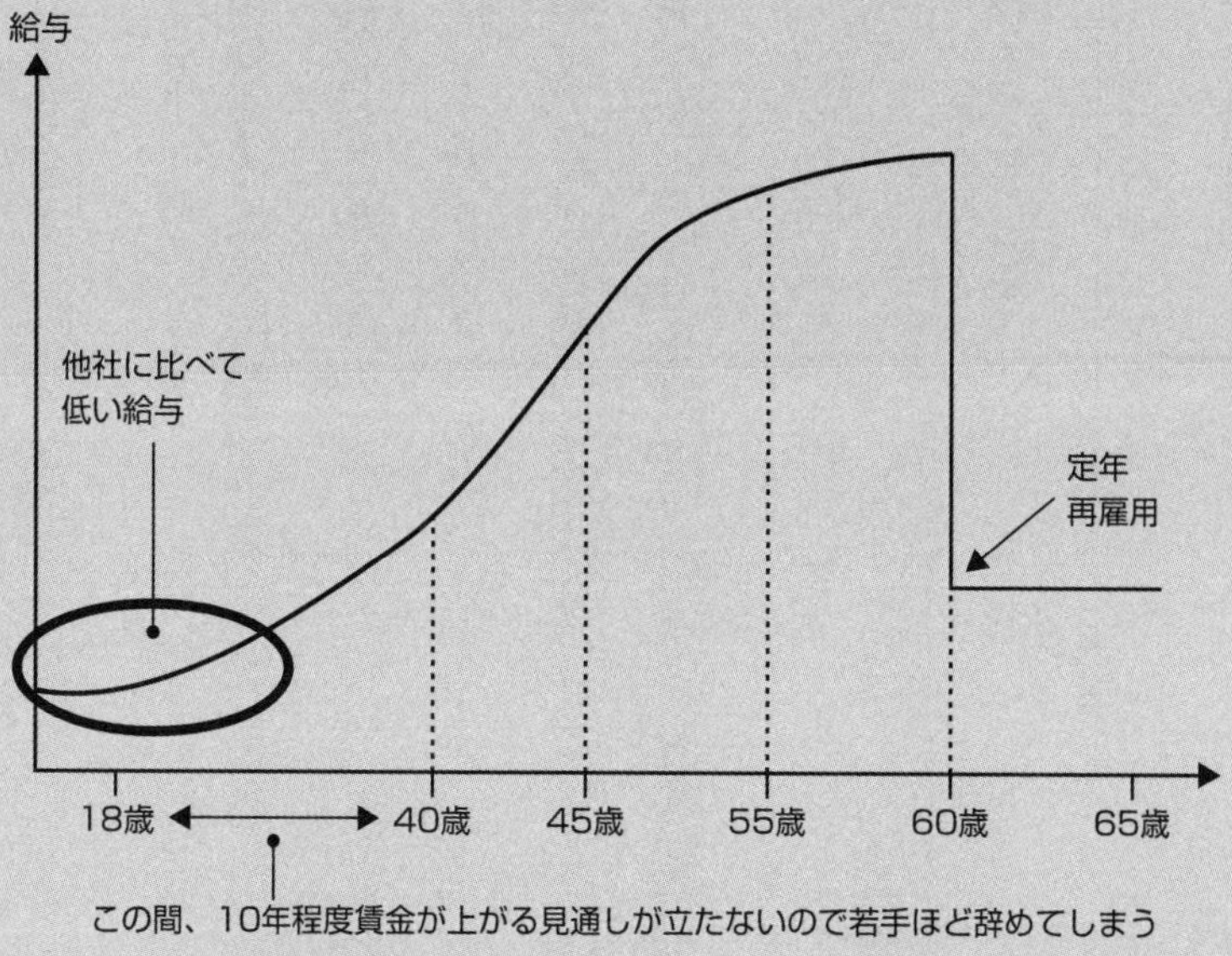
給与
他社に比べて
低い給与
定年
再雇用
18歳
40歳
45歳
55歳
60歳
65歳
この間、10年程度賃金が上がる見通しが立たないので若手ほど辞めてしまう

この賃金体系で問題なのは、
・優秀な若手が入ってこない
↓他社の方が初任給が高いから
・今は人材が流動的な時代なのに、
数十年働くことを前提にした賃金体系なので、
若手がいつかない

ということです。

そこで、私は令和の時代に中小企業が存続し続けることを考えて、「勤続重視ジョブ型」賃金を提唱しています。

まずは、次ページの図版をみてください。

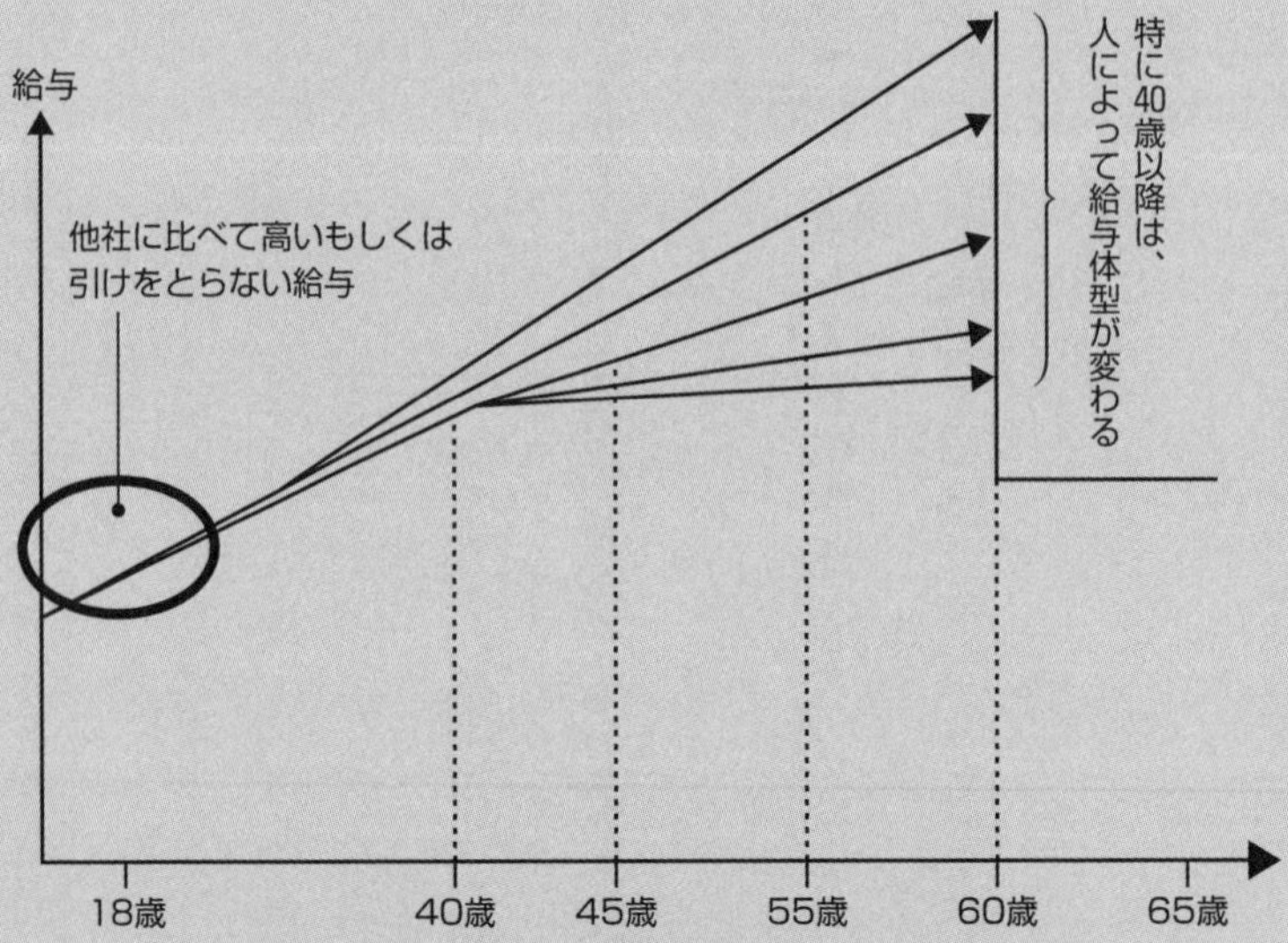

評価の高い人に給与の原資を振り分けることで、能力のある人材を確保しつつ、総人件費の増加幅を抑えることができる

この体系にすることで、優秀な若手を会社に招き入れることができます。

これに必要なのは、

【勤続重視ジョブ型】　給与3種の神器

その①　グレード毎に範囲職務給
その②　昇給表
その③　昇給係数

です。

くわしくは本書で解説していきますが、
一つここで言わせてください。

社長、

なるべくはやく、

在来の賃金制度をやめてください。

まえがき

筆者は平成9年に社会人としてスタートして以来ずっと、経済低迷・賃金減少・非正規化・リストラ・デフレモード一色で仕事をしてきました。

幸運にも、約20年以上にわたり、一貫して中小企業の人事給与専門コンサルタントとして多くのご支援をさせていただく機会を得ました。

その間、職務給も日本型雇用に相応しくない、成果主義も不平・不満の温床となりダメだったという経験をしました。

たとえば、家族手当を完全に廃止したという話もあまり聞きません。

退職金制度を廃止した会社もほとんどありません。

数年前から大手企業の一部で採用され始めたジョブ型人事制度も現実的に難しい。

つまり、まだまだ在来の日本型賃金システムをベースにして、役割・職務・成果の要素を加え、お茶を濁しながらなんとかやってきた、というのが正直なところなのです。基本となるコンセプトは何も変わっていないと言っていいと思います。

筆者は人事給与コンサルタントとして、大切な哲理はすべて中小企業の社長から学びました。財務諸表と給与台帳を手元に、社長と侃々諤々、深夜に及ぶまで議論し、ときにはお叱りをいただき、実践の現場で育てていただいたのです。

稼ぎ方、人の惹き付け方、人がついてくる給与の払い方、組織のつくり方、そしてときには失敗事例……など本やセミナーでは学べないことばかりです。

その過程で、生々しい資本主義社会の権化である中小企業の社長が心底、学び、悟っていることが正解である、そのように確信するに至っています。

給与問題について学問的に学んだことはとてもわずかです。ゆえに、何か自分でも荒削りで、理論だっていないことを日々好きなように思いつきで話しているような気がしてなりません。本書についてもそのようにお感じになる読者も多いのではと心配しています。

ただ、**誇れることは全国の社長との真剣勝負の問題解決の場数**です。

誰も持っているようで持っていない、表には出ない現実、現場でのケーススタディーの質と量です。

コロナ禍で広まったオンラインツールにより、距離を問わなくなったので、このケーススタディーの蓄積は加速度を増しています。

今、日本全国で、このケーススタディーに大きな変化が起きています。

筆者が育ったビジネス環境は「デフレ＋〝日本型賃金システム〟＋人余り（リストラ）＋賃金横ばい」が原則でした。

しかし、今後は**「インフレ＋〝ジョブ型もどき〟給与＋人手不足（求人難）＋賃上げ」**が原則となっていくでしょう。

昨今のインフレ、賃上げ、労働力人口減少による人手不足は、今までの基本コンセプトの「日本型賃金システム」の弱点をあらわにしています。

今まではお茶を濁して、なんとかやってきて、それなりにやり過ごせていました。しかし、社長からの深刻なお悩みをお聞きするたびに「大きく変わっていく」と思わざるを得ません。

だから、欧米のようなジョブ型給与に転換すべきだというつもりはありません。

日本はジョブ型雇用システムにそっくりそのまま移行できる社会システム・風土ではありません。**「ジョブ型もどき」の制度導入しかできないのです。**

本書のタイトルには「勤続重視ジョブ型」給与とあります。

これは欧米で採用されているジョブ型給与ではありません。

まさに「ジョブ型もどき」給与と思っていただいて差し支えありません。

多くの書籍が丁寧に説明する、ジョブ型とは何か？　メンバーシップ型とは何か？　職務記述書（ジョブディスクリプション）の書き方等の説明はしてません。

ジョブ型とメンバーシップ型の二項対立や欧米のジョブ型雇用を論じても、実践の場では空理空論でしかないからです。

ジョブ型という言葉にとらわれていただく必要はありません。

ジョブ型雇用やジョブ型給与を本格的に学びたいという読者にとって本書は不向きな内容です。

本書では、日本型賃金システムが崩壊していく過程、そしてその先に自然と沸き立つものを「勤続重視ジョブ型」給与と呼ぶことにしています。

労働力人口動態、抗えない労働市場というマーケット（市場）の論理に従えば、結果としてこのようなアプローチで給与を上げていく必要があるのではないですか？　というささやかなご提案をしているのみです。

さて、昨年、２０２３年から、「賃上げ」機運一色となりました。

２０２４年以降もこの傾向は続くでしょう。

人手不足の時代において、「賃上げ」問題は企業存続にかかわる深刻な経営課題になりつつあります。

中小企業というのは社長と社員の関係性が原点にあります。

しかも、中小企業は一人ひとりの顔が見え、その家庭環境も含めて心情までわかりあえるという特徴があります。ですから、この特徴を活かし、独特な人間関係を強みにした組織にすることは大切です。

しかし、会社はお金を貰いに来るところです。

給与は社員にとって共通した本音の原点です。カネの要素が大切であることを本心として社長が悟っていなければ人がついてくることはないのです。

今、すべての価格が高騰していて、丁寧に説明しても何ら値上げに応えてくれない取引先があります。その取引先と付き合う魅力を感じない、これからともに歩もうと思わないのと同じことです。

「賃上げ」圧力は一段と高まります。情実の部分は大切だと百も承知です。

しかし、**大胆かつ、ふてぶてしく経済合理性に徹し、稼ぎに稼ぎ、ドンと給与を出す、この社長の仕事を心底のめり込んでやり遂げるほかない、という追い詰められた状況となっています。**

本書はまさに現場からの生のケーススタディーの実況中継です。

社長と筆者が「ど」がつくほど真剣に経営と向き合い、苦悩し、肩で息をしながら奮闘する、そんな息づかいを感じていただければと思います。

本書がささやかながらも「賃上げ」や「労務管理」に悩む、多くの社長、管理職、人事担当者の「道しるべ」として少しでもお役立ちできるなら望外の喜びです。

２０２４年３月

福田　秀樹

もくじ

第2章 賃金管理の新常識 ～「勤続重視ジョブ型」給与のすすめ

第4章 賃金管理の新常識 〜上がることもあれば下がることもある？

第1章

日本型賃金システムは崩壊し続けます

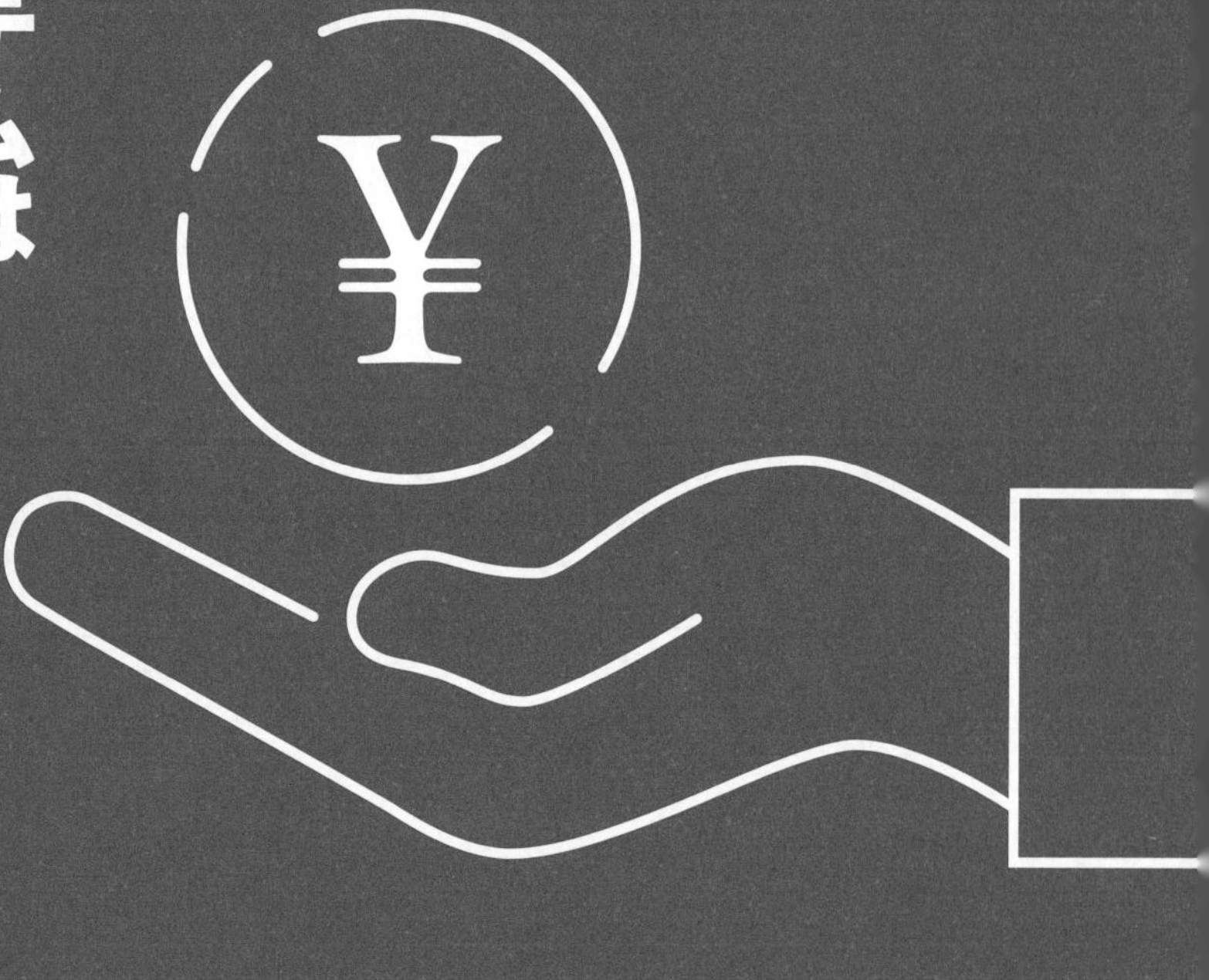

01

空気が変わった！　2023年2月　中小企業も賃上げ一色

■「え！ 社長、そんなに上げるんですか？」

この30年余り、デフレモード・ベースアップ無しというのが当然の相場でした。

しかし、２０２３年２月頃からハッキリと空気が変わりました。

人事給与コンサルタントである筆者のところに、「（定期昇給に加えて）ベースアップをしたいがいくらくらいが妥当か？」と真剣なご相談が連日にわたり相次いだのです。

標題のコメントを何度発したかわかりません。ベースアップ額について、多い会社で4～5万円程度、少ないところで３０００円程度です。

昇給率で言えば、昨年までは２％程度かそれ以下の会社が、２０２３年度は３％～５％以上です。

通常の定期昇給に加えて、特に若手に関しては1万円以上のベースアップをした会社もかなりの数に登りました。こんなことは初めてで、これには正直驚きました。

中小企業の賃金アップは「しぶしぶ型・防衛的昇給」

２０２３年2月頃から、大手アパレルメーカーが新卒初任給を30万円以上に引き上げる、都市銀行が26万円以上に引き上げるなどの情報が飛び交いました。

このような新卒初任給のアップと同時にベースアップした会社も多くみられました。

もっとも、中小企業はそもそも定期昇給とベースアップを区別はしていません。

したがって、上記の「ベースアップ」は実は全員「一律に●円」を行う純然たるベースアップではなく、若手への傾斜配分を重視し、通常の定期昇給に加えて行う「ベースアップ的な是正昇給」という言い方が適切です。

これについての詳細は「第3章「勤続重視ジョブ型」給与　給与改定の実務」にてご説明をします。

また、儲かっていて余裕があるから、利益還元の意味で賃上げする会社はほぼないということです。中小企業の悩みの核心は求人難・定着難です。特に35歳未満の若い人がどの会社も足りません。一方で大手企業がドンドン新卒初任給をアップしてきています。大手企業も、お役

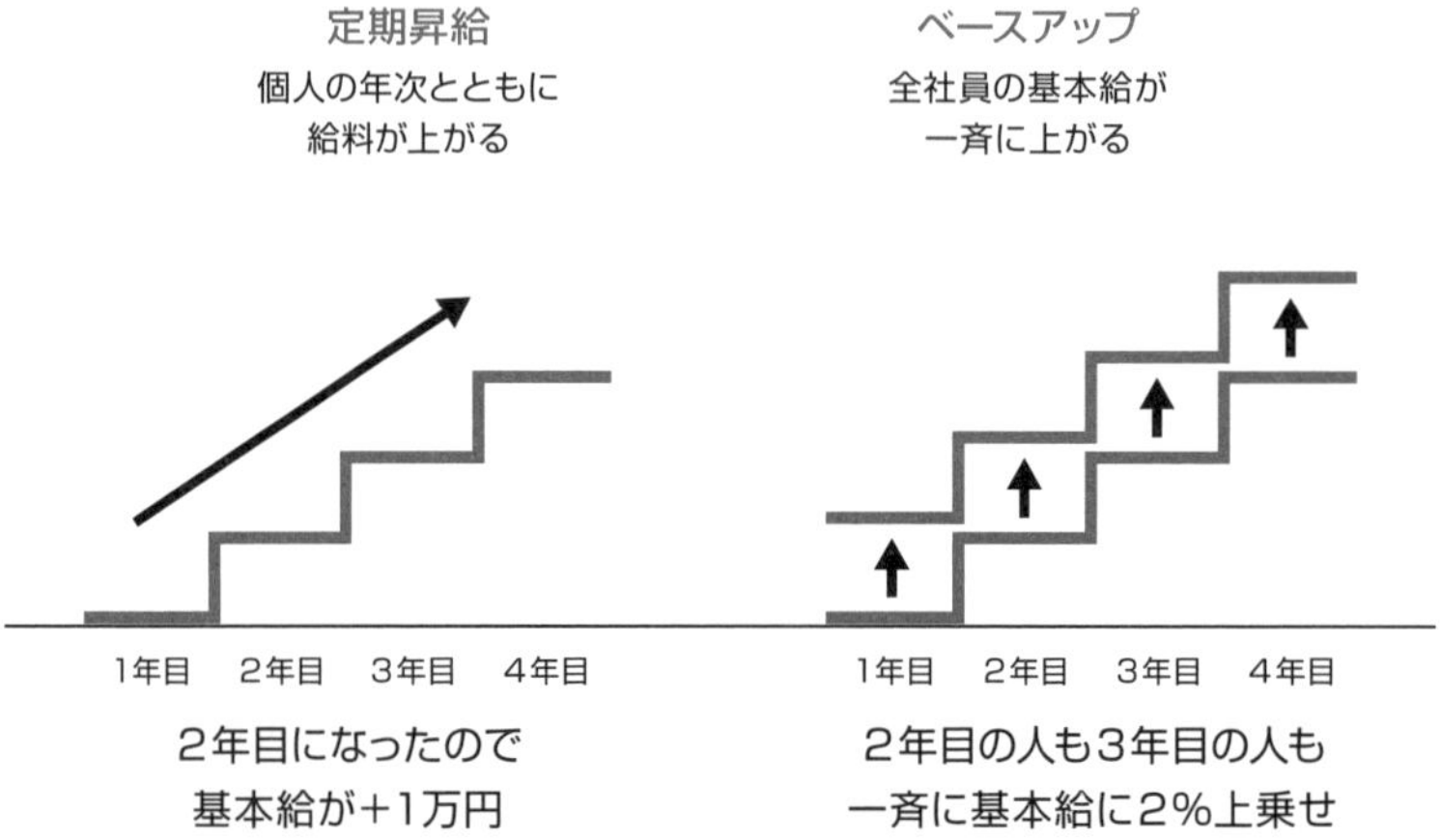

●**定期昇給**＝従業員毎に個別に給与を引き上げること。
勤続年数や仕事の成果等に応じて定期に実施される。
賃金表の目盛りに沿って上に移動する。

●**ベースアップ**＝全従業員の給与を一律に引き上げること。
景気動向や業績、労使交渉等に応じて臨時に実施される。
賃金表そのものを書き換える（全体的な上方修正）。

所も若手人材が足らないからです。よって、人材確保のためには中小企業もそれに負けないように初任給を上げざるを得ない状況です。

その結果、初任給を大幅に上げながら、在籍者と逆転しないようにバランスをとるために調整的にベースアップをせざるを得ません。この作業に日本のすべての会社が直面しているわけです。ここに昨今の円安・物価高・賃上げ機運が加わり、予想以上のベースアップを強いられる結果となったと言えます。

一言で言えば、人手不足・求人定着難を乗り切るための「しぶしぶ型・防衛的昇給」なのです。

■採用困難職種では中小企業でも数万円アップも！

いかなる状況下でも社会生活を支える職種であるエッセンシャルワーカー（生活必須職従事者）の人材難が深刻化しています。特に医療介護、運輸・物流、建設関係の人手不足は悲鳴にも近いものがあります。

医療介護は国の診療報酬で定価が決まっているため、大幅な賃上げは望めません。

一方、建設関係の賃金は上昇の一途をたどっています。

建設関係などエッセンシャルワーカー系の職種の賃金決定のご相談はこの2～3年で激増し

ました。

中小企業でも数万円のベースアップを実行する会社もありました。

ある中小企業（地方の建設会社　社員15名）ではなんと月額8万円のベースアップをした、というところもありました。

また、新卒を採用するために中小企業でも借上社宅や奨学金返済支援制度まで、これでもかという勢いの待遇改善を行う様子が見受けられます。


まえがきでも記したように筆者はデフレ・ベースアップなしという経営環境で社会人として過ごしてきました。

また、人事給与コンサルタントして20年以上、デフレを前提に中堅・中小企業に指導をしてきました。その経験が仇（あだ）になったのです。

お恥ずかしながら、クライアント企業様に先回りして情報提供ができず、後手に回ったのです。プロほど凝り固まった考え方が邪魔をして変化に対応できない、という言葉を頭では理解していました。しかし、２０２３年がまさに自分に妥当しました。

インフレ・超人手不足・超高齢化により、現場の最前線では大変な賃金労務事情となっているのです。

02 最低賃金１５００円の衝撃

■最低賃金は２０３０年代半ばまでに１５００円に

「最低賃金は２０３０年代半ばまでに１５００円に」（新しい資本主義実現会議　２０２３年8月31日）ということを日本の総理大臣が言っています。

筆者は２０３０年前半には最低賃金１５００円以上の時代が来ると予想しています。

政府は最低賃金の改定（上昇）だけはドンドン実現していきます。

２０２３年10月、最低賃金は過去最大となる全国平均で43円引き上げされました。もともとコロナ禍で上昇が中断されていたのですが、一気に挽回し、予定通り「全国平均千円以上（１００４円）」が実現しました。

●ホワイトカラー・エグゼンプション＝
賃金を量（時間）より質（成果）で評価すること。
裁量が広く認められ、労働時間規制が除外される。

多くの労働改革（解雇規制緩和、ホワイトカラー・エグゼンプション等）は20年以上前から議論していますが、サッパリ実現しません。しかし、この最低賃金のアップだけはサクサク実現していきます。

この背景には、日本の賃金が世界に比べて全く上がっていないので景気の好循環を阻害しているとの指摘もあります。また、最低賃金は米国（ニューヨーク州）約２２５８円、オーストラリア約２２３３円、ドイツ約１９３３円等の例のように先進諸国に比して著しく低いという現状もあります。（最低賃金は２０２４年1月現在）

高卒初任給25万円、大卒初任給27万円!?はすぐソコ

最低賃金１５００円はパート・アルバイトの非正規社員の賃金を押し上げます。加えて日本で一番安い正

社員の初任給も押し上げることになります。日本で一番安い正社員の初任給は高卒初任給です。

高卒初任給が、月間所定労働時間が170時間であったとすると、1500円×170時間＝25万5000円となります。

このようになれば大卒はいくらになるのでしょうか。

少なくとも初任給27～28万円にはなるしょう。

特に理系や採用が難しいＩＴ職、建設技術者などは間違いなく30万円～35万円は超えてくるかもしれません。

もちろん、上記は原則として「所定内賃金」ですから、これに残業代が別途加算されるということです。

03

日本型賃金システム終わりの始まり

そもそも日本型賃金システムとは？

本章のタイトルが「日本型賃金システムの崩壊」でした。まず、本書でいう「日本型賃金システム」とはそもそも何なのか筆者なりの特徴を申しあげます。

その①　職務給（仕事給）ではなく、職能給（属人給含む）

欧米は仕事・ポストに値札がついていて、人がそこに採用されます。その人の能力が何であれ、仕事・ポストによって給与が決まります。もちろん、一部能力・成果は反映されるでしょうが、これが原則です。

これを「職務給」といいます。

それに対して、日本は人に値札がついています。その人の年齢、勤続、能力、生活状況、人格までも含めて給与が決まると言っていいと思います。これを「職能給」といいます。

その②　終身雇用・年功賃金・生活保障

(1)　基本給と諸手当

日本型賃金システムは終身雇用と密接に関連しています。

賃金の歴史の本ではありませんので、紆余曲折の詳細は差し控えますが、日本は敗戦後の貧乏な時代、高度経済成長時代を経て、独特の賃金体系を形成してきたと言えます。

賃金体系の特徴として、年功賃金としての基本給があります。

若い頃は低く、長期雇用においてライフステージの変化に対応すべく、**一番お金のかかる時期（おおむね50歳過ぎ）にピークがくるように設計されます。**この趣旨にあわせて、家族手当・住宅手当が支給されるようになります。

男性が仕事に出て、女性が家庭を守る専業主婦世帯を典型モデルとして成り立っていました。

終身雇用なのでライフステージのトータルでは帳尻があっていたと言えます。

そして、平成においては、成果主義、役割主義などの要素を加えてなんとかやってきました。

しかし、令和になった今も日本型賃金システムの根本である年功賃金から何ら脱していない会社が過半を占めます。

つまり、若い頃は仕事を教えてもらう教育投資段階なので、「貢献＜賃金」となります。

そして、いよいよ20代後半から徐々にですが、「貢献＞賃金」のステージに移行していきます。

そして、50代半ば以降になると「貢献＞賃金」となっていきます。

ご推察の通り、人口が増え、経済が拡大すれば、働く者も今日よりも明日、明日よりも明後日のほうが報われました。

また、使用者も人口構造がピラミッド型でしたので、「貢献＜賃金」の人が少なかったので大にメリットがあったと言えます。しかし、今は中高年がたくさんいる「逆ピラミッド型」になりつつあります、また、若い人は今の貢献を今払ってほしいと思っています。将来報われるという期待は全くありません。すでに大前提が崩れているのです。

(2) 賞与

「賞与は業績連動」だというのが建前です。つまり、会社業績・本人業績によって賞与の支給の有無及び金額が増減するというものです。

しかし、賞与は業績連動でアップダウンすることはあまりなく、特に中小企業は安定的に支給しています。もともと中小企業は大手企業や公務員のように多額の賞与は支給されません。業績悪化時や勤務成績が悪い社員は賞与が減額となりますが、多くの標準的な社員にとって前年に比して変化はない生活給として機能しています。つまり、**終身雇用・年功賃金の下では業績による人件費の変動はとても難しいものがあります。**原則として賃金は下げれませんが、賞与でなら容易です。ですから、賞与で支給しておいたほうが、経営困難時、〝マサカの坂〟に対応できるのです。

具体的には中小企業の場合、12ヵ月分の月給に3ヵ月分の賞与が足されたものが年収です。給与で払うと下げることが難しいので、経営者の変動費の余地として賞与を残しています。つまり、日本の賞与の実質はこの例で言えば、3ヵ月分は変動がありうる生活給である〝準固定給〟なのです。

(3) 退職金

退職金制度の趣旨は、長期雇用の奨励です。

賃金として全部払ってしまうのではなく、賃金の一部は企業の内外に貯めておいて、退職時にまとめて払うことで長期勤続を促すのです。退職金は「後払い的性格」を持つ歴然とした賃

■日本型賃金システム

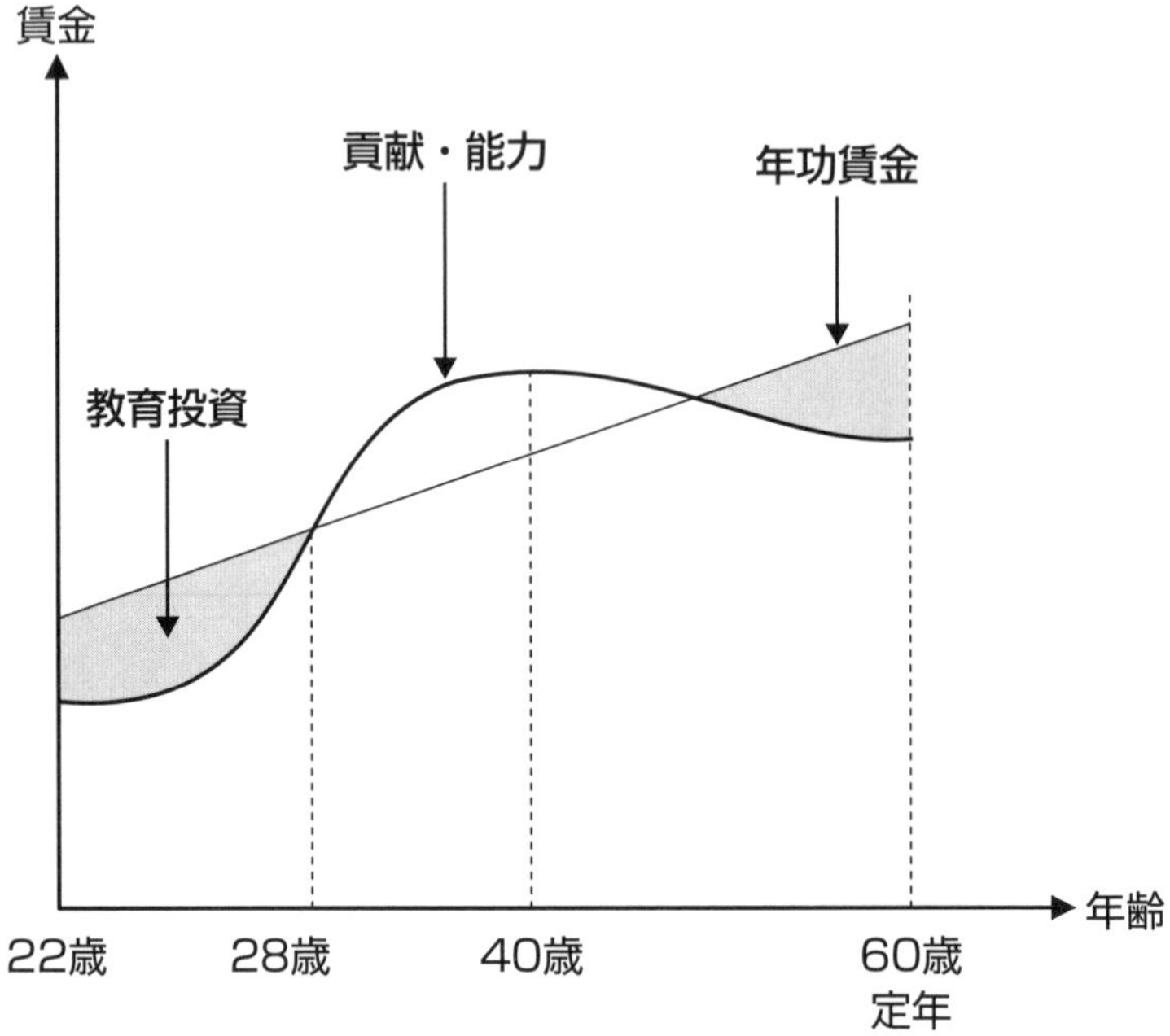

金です。

これも勤め上げることで労使関係が成り立つ終身雇用・長期雇用制度と深く関係していると言えるでしょう。

業界事情・社内事情はもう通用しない!?

「ウチの給与は●●業界では高いほうだ」「そんな高い初任給を25歳の人に出すと、●君や●●さんとバランス崩れるよ」「ウチの体力ではこの昇給が限界なんだ」。

大変失礼ながらパッとしない会社の社長ほど「ウチはウチなりに出している」「ウチの給与は●●業界では高いほうだ」とおっしゃるのです。

賃金とは、労働市場における労働需要と労働供給が均衡する価格です。

賃金は市場（マーケット）の論理で決まるのです。

この市場には「内部労働市場」と「外部労働市場」があります。

内部労働市場とは社内です。

閉鎖的な業界に属しているのであれば業界を含めてもいいかもしれません。一方、外部労働市場とはまさに社内事情・業界事情が一切無視された市場です。つまり、人材獲得競争という激しい競争が起こっている外の市場です。

日本は終身雇用・年功賃金により、「ウチ」つまり、内部労働市場の論理が強すぎました。新卒一括採用・先輩後輩、自社独自の賃金表、社内教育制度、等級制度、配置転換・ジョブローテーション……、これにより極めて内向き社内市場が形成されていきました。つまり、日本型雇用・賃金システムはウチ向き市場を形成する強烈なシステムなのです。

しかし、これからは外部労働市場の論理が、内部労働市場の論理を完膚なきまでにたたきのめすでしょう。特に大変になるのは賃金水準が低い、収益力・体力のない中小企業です。

2023年の賃上げ相談で、「先生、この賃上げ状況って今年だけですよね」「来年も続くのでしょうか……」と不安の声が随分と寄せられました。

この言葉の背景にはこんな賃上げは今年で勘弁してほしいという心の叫びがあります。

残念ながら、原則、この流れは続きます。なぜなら、日本は少子化、人口減少・労働力減少、労働供給制約社会に突入しており、構造的な人手不足が加速するからです。

これからは女性・非正規・若手の賃金が急上昇する

日本型賃金制度においては、女性・非正規・若手は「冷遇」されてきました。

その一方で男性（中高年）・フルタイム・正社員が「優遇」されてきました。

つまり、女性・非正規・若手の賃金が低かったからこそ、男性（中高年）・フルタイム・正社員の賃金が高くできたのです。

日本は国際的に見て女性の賃金は男性に比して低いと言われ続けてきました。先に述べたように男性が仕事に出て、女性が家庭を守る専業主婦世帯の典型モデルがベースにあります。しかし、いま政府はこれを明確に否定しにかかっています。

労働力人口を底上げするために、女性の社会参加が進むようにさまざまな政策を推進しています。女性が長時間残業で就労を諦めざるを得ない状況をつくらないため、また、男性の育児家事参加を促すための働き方改革関連法が施行されています。

さらに、育児介護休業制度の充実、非正規と正規の不合理な差別を許さない同一労働同一賃金関連法、年収の壁対策支援、配偶者手当廃止への呼びかけなど、日本型賃金システムを否定するメニューが目白押しです。

もちろん、男性（中高年）もマネジメント力がある、又は特別な専門的技能がある人は引く手あまたで〝市場の論理〟により、賃金は上昇する余地はあるでしょう。しかし、残念ながら、そうではない男性（中高年）は「名目賃金」は上がらない（横ばい）であったとしても、「実

●**名目賃金**＝貨幣の単位で示された賃金額。物価水準の変動を加味しない。

●**実質賃金**＝物価変動を加味した賃金額。実質的な賃金価値を示す。

質賃金」は低下の一途をたどるはずです。特に特別な技能を持たない大卒・ホワイトカラー系職種ではその傾向が顕著でしょう。

人手不足、超少子高齢社会における市場（マーケット）の論理により、ゲームのルールが一変しました。女性も結婚育児があっても退職することなく、正社員で働き続ける人が増加しています。若手・非正規社員について、最低賃金の上昇、人手不足で賃金が急上昇しています。

そうなると、企業の原資配分の問題として年功賃金が崩れ、男性・フルタイム・正社員優遇的なシステムが成り立たなくなるわけです。

高卒初任給が25万円以上、大卒初任給が27万円以上などになる場合、そもそも年功的な給与カーブという概念は崩壊します。全体的に5～6万円以上のベースアップができれば良いのですか、そのような賃上げ余力のある中小企業はほぼありません。

大転職時代〜中高年でもキーマンが辞めていく⁉

筆者は人事給与専門コンサルタント会社とは別に、社会保険労務士事務所を経営しています。そこで、膨大な数の入社・退社の手続きをさせていただいています。

そのデータからA社からB社への転職した人の情報などがわかることがあります。

今まではどちらかと言えば、中堅企業を退職した人は中小企業へ、中小企業を退職した人は零細企業へ就職するという傾向が多かったように思います。

そして、年収はドンドン下がっていきました。

ところが、**30代後半から40代前半あたりで、特定のスキルを持っている人は年収が上がる転職を実現する例がちらほらと出てきたのです。**20代なら昨今は確実にアップする転職も可能となっています。

読者もご存知の通り、転職支援会社が多くのテレビCMを打っています。

転職支援会社は〝現在勤務中の〟社員を、「キャリアの棚卸し」と称して登録させ、登録した社員にスカウトメールを送り届けます。

この現象は中高年だけでなく、昨今は20代から30代前半の人にスカウトが盛んに行われています。特に若い理系の技術者、優秀な営業マンなどは大手企業を含め、スカウト合戦です。転職支援会社のサイトに登録者のポジション・職務・現在の年収、希望の年収、希望のキャリアなどもすべて公開されています。

ですから、スカウトがとてもやりやすいわけです。

30代前後の若手や市場価値の高い人ほど毎日のようにスカウトメールが届いています。このようなインフラ整備が人手不足とあいまって、大転職時代に拍車をかけていくはずです。

「社長、貴社のキーマンの離職は大丈夫ですか?」と筆者はよくお声かけしています。

04 いま日本中の中小企業で勃発する「賃金トリアージ」

賃金トリアージとは?

筆者は毎日、他人の「給与明細」という海を泳いでいるような仕事をしています。

従業員名簿、給与明細、財務諸表をもとに経営の観点から、または法律の観点から人事給与問題について具体的な助言・指導をさせていただくのが本業です。典型的な経営者との会話をご紹介します。

社長

ウチの会社は高齢化が激しく、とにかく今年中に20代の若手を最低４人以上は採用したいと思っています。しかし、求人を出してもなかなか応募もない状況です。

筆者

そうですね。いま貴社の業種で欲しい人材像からすると、若い人を採用するためには初任給24万円以上は必要です。そうなると既存の20代・30代前半の社員と賃金逆転するわけにはいきませんので、在籍者も特別な賃上げをする必要があります。

社長

ただし、若手をこれだけ上げると40代・50代以上の社員が文句を言うでしょう。現にこの前、この案を話すと製造部長（54歳）が「今、会社を支えているのは私たちですよ。私たちのことをもっと考えてください」と猛反発してきました。

筆者

よくわかります。昇給予算を１６００万円まで上げるとそれは達成できますが、大口ユーザーの受注半減もあるということから、来季は営業赤字に転落してしまいますね。

社長

そうなんです。もう限界です。ウチはパートタイマーの最低賃金アップが一番きついコストアップです。今年から週20時間以上のパートにも社会保険（健康保険・厚生年金）加入が義務付けられます。もう、どこからカネを捻出していいやら……（ため息）。

筆者

では、中高年の社員さんのベースアップは見送りにしましょうか。

社長

うーん、先生、少し考えさせてください。

このような生々しいやりとりを全国の社長や経営幹部の方々と面談で毎日のように繰り返しています。コロナ以後はオンライン面談が9割を占めます。人手不足（特に若手）、最賃アップ等の賃上げに直面する中小企業を見ていますと「トリアージ」という言葉が脳裏によぎります。

筆者はコロナ禍の世界で医療崩壊した地域の報道を通じて、この言葉を知りました。

「トリアージ」とは災害時に多数の傷病者が同時に発生した場合、傷病者の緊急度や重症度に応じて適切な処置や搬送を行うために、医師が傷病者の優先順位を決めることをいいます。

今、労務の最前線では、社員から次から次へと「処置してください（賃金を上げてください）」という声がうめき声のように寄せられます。いや、寄せられればまだいいのですが、市場価値のある人や若手は会社を見きってサッサと辞めていきます。

ガソリン代・電機代・物価も高騰していて社員も大変です。

社長は賃上げの必要性は痛いほど理解しています。でもカネがない。限られた原資で賃上げの優先順位に対して、医師が良心と格闘しながら悩むように、社長も悩みに悩むのです。

社長が賃上げ原資の優先順位と決定に悩む状況を**「賃金トリアージ」**と呼びます。これは筆者の造語です。これから中小企業を襲う労務コスト急増、人材難は企業存続にとってまさに〝災害級〟だからです。

現場で処置（賃上げ）を求める声（心の声含む）

20代若手から
定年まで勤務するつもりは一切ない。今の貢献には今、報いてほしい。ハッキリ言って会社の未来なんて信用していません。

30代中堅から
大手の●●製作所からスカウトのメール。年収１２０万円アップする。今年、子どもが生まれたし……今がチャンスかも？

中高年から
若い奴は入ったらすぐ辞める。体を張って会社を守っているのは私たちだ。

60代から
同じ仕事をやっていてなんでこんなに賃金が下がるのか？　納得いかない。

パートから
昨日入った新人と8年勤務の私との時給差はたった20円！　もう、やってられないわ。

社長！私たちの賃金をもっと、もっと、も～っとあげてください！
賃上げ

05 今までの賃金管理の常識は捨て去るべし！

災害時に既存の理屈理論は役立たない

これからの日本型賃金システムの崩壊、そして賃金事情の激変はまさに災害級だと申しあげました。中小零細企業の社長である筆者にも強烈な危機感があります。中小企業経営者にとって、一瞬たりとも気を抜けば地獄のような経営環境の激変にのまれてしまうように思えてならないのです。

賃金制度や人事制度のプロと呼ばれる人が提供する理屈理論は、先の申し述べた従来の日本型賃金システムの発想を必ず原点に持っています。これは筆者とて例外ではありません。筆者が若い頃に勉強した、その道の権威の先生の賃金理論の教科書には「これが正解です」と書いてありました。

しかし、激変の災害時には昭和の時代の生まれた、予定調和の理屈理論は何の役にも立たないどころか、現場では弊害にさえなりえます。臨機応変な変化対応、スピード感、ダイナミズムに欠けるのです。

高級寿司屋に値段表はあるのか――その賃金表は捨てなさい

筆者はあまり知らない世界ですが、高級寿司屋や高級料亭には値段表がないと聞きます。なぜかというと「時価」だからです。そのときに良いものを時価で仕入れ、それに利益を足して顧客に提供します。値段をうるさく言う顧客は来ないのが一番の要因だと思いますが、いちいち、値段を書き換えてられません。

賃金という労働市場の価格も限りなく「時価」になっていくと思います。言い換えれば、内部労働市場という「ウチの理屈」は吹き飛んで、外部労働市場の価格が優先されるのです。このような状況下で、賃金表をつくったとしたら何が起きるでしょうか。市場価格にマッチさせようと思えば、毎年「書き換え」の必要性が生じるでしょう。書き換えないのなら、相場とずれますから、賃金表は単なる「目盛り」となるに過ぎず、賃金決定の道具にはなりえません。

今でも中小企業の若手の採用では賃金表が完全に形骸化した運用が行われています。

今どきの賃金と採用事情

会社　前の会社でいくらもらっていたのですか？

応募者　月給で●万円、年収で●万円程度もらっていました。

会社　（良さそうな人材だな……ちょっと高いが仕方がない……）わかりました。年収は賞与で調整してご希望の金額はお出しします。ただし、月給については当社の既存社員とのバランスがあり、すいませんが若干下がります。それでよろしければ内定を出したいと思います。ぜひご入社をいただければと思います。

応募者　……すいませんが、明後日、別の会社で面接があります。その後に決めてもよろしいでしょうか。

（数日後、メールで候補者から以下のような〝お祈りメール〟が会社に届きます）

応募者

せっかく内定をいただいたのですが、別の会社で御世話になろうと思います。誠に申し訳ありません。貴社益々のご発展をお祈り申しあげます。

というやりとりが今、採用弱者である多くの中小企業で行われているのが現状です。

筆者はつい最近までこのような「お祈りメール」は会社が不採用通知を行う候補者へ送るものだと思っていました。

それが今は逆なのです。

特に若い人の給与は毎年のように上がっていきます。つまり、時価は毎年のように変わっていくのですから、従来の賃金表がいかに使えないかです。

従来の賃金表というのは日本型賃金システムを具現化した代物です。その日本型賃金システムが崩壊する災害状況にあるのに、賃金表を維持・運用する限り、賃金管理がうまくいかなくなるのは当然です。

それなら、「今の時代にあった賃金表をつくればいいではないか?」という読者の皆様からの声が聞こえてきそうです。

刻々と変化する時価を反映した賃金表はつくれるのでしょうか。若手の賃金を上げると賃金表全体が底上げされますが（ベースアップ）、そんな原資ありますか？　というのが筆者の考えです。また、原資をおさえながら、上手に相場にあわせてつくったとしても、若手は激増、中高年はもう上がりません、というメッセージのある賃金表を積極的に公開するのも得策と思えません。

したがって、「その賃金表を捨ててください」と申しあげるのみです。

コラム

日本全国で巻き起こっている「ステルス昇給」

「ステルス」とは、隠密性やこっそりとした行動を意味します。日常用語では「ステルス戦闘機」「ステルスマーケティング」などがあります。ステルス戦闘機は、特殊な機体で敵のレーダーで発見されない性能を持つ航空機のことです。ステルスマーケティングは広告であるにもかかわらず、広告であることを隠すマーケティングです。

筆者は甘いものが好きでお菓子やケーキをよく買いますが、値段は同じでも最近はドンドン量が少なく、又はサイズが小さくなっているように思います。これは「ステルス値上げ」と言うそうです。

さて、筆者のいう「ステルス昇給」とは、**所定労働時間が減少するも、賃金が一定なら労働単価は上がる、つまり実質昇給しているという現象です。**

昨今、人手不足、特に若手の求人採用が極めて困難になっています。そこで各社こぞって求人票の見栄えをよくするために「休日増」に踏み切っているのです。「ステルス昇給」は経営者がわかってやっていると言うより、人材確保のために「しぶしぶやってしまった」というほうが適切です。

たとえば、一昔前は年間休日１０５日であった会社はたくさんありました。しかし、昨今、年間休日１０５日は最低レベルの休日数になりつつあります。そこで、思い切って年間休日１２１日した場合、年間所定労働時間はどのように変化するかです。１日の所定労働時間は８時間であったとします。

・年間休日１０５日（３６５日－１０５日）×８時間＝２０８０時間
・年間休日１２１日（３６５日－１２１日）×８時間＝１９５２時間

この会社は年間休日が16日増えて、年間所定労働時間は１２８時間減少しました。この結果、１時間当たりの労働単価が増加し、年間２０８０時間働く場合、「増加した労働単価×１２８時間（休日増分）×１・25倍の残業代」を払う必要があります。

たとえば、30万円の基準内賃金の人がいたとします。休日が増えた後に同様に年間２０８０時間働く場合、ステルス昇給によりどの程度コストがあがるか試算すると以下のようになります。

年間休日１２１日の場合、時間外労働が年間１２８時間（２０２８時間－１９５２時間）
となるため、
〈年間コストアップ〉
（３６０万円÷１９５２時間）×１・25倍×１２８時間≒29万５０８２円
〈月間コストアップ〉
→29万５０８２円÷12＝約２万４５９０円

これを１日の労働時間を８・５時間として年間休日を１２１日としたらどうでしょう。

（３６５日－１２１日）×８・５時間＝２０７４時間

となり、わずかな年間所定労働時間の減少つまり（６時間だけ）及びわずかな労働単価の上昇で収まります。所定労働時間は１日８時間である必要はなく、１年を通して（つまり、盆暮れ正月休みを含んで）平均して１週40時間制となるように年間休日カレンダーを設定することができます。そして、所轄労働基準監督署にその年間休日カレンダーと労使協定とともに届け出をすることで上記が可能となるのです。

労務コストが急増するなか中小企業はこのような発想を持っていただきたいのです。ただし、休日増と労働時間延長を同時にやらずに、休日増を先にやってしまい、その後に所定労働時間の延長をやるのは大きな労働条件の不利益変更になるのでご注意ください。

コラム

「アットホームな職場です」と求人票に書く会社は要注意

求人表に「アットホームな職場です」という記載をよく見ます。このような求人票を出す会社の平均年齢はいま必ず40代後半以上が多いと感じます。高齢化していて、40代・50代・60代、70代？の社員が職場を支えています。社内に20代は1人とか2人とかです。社長は「ウチはアットホームな職場で10年以上の勤務者がたくさんいます」「人間関係がいいんです」というのです。しかし、見方を変えると、若い人を入れても入れても定着せずに辞めているということにもなります。中高年の人にとって居心地の良い職場ということです。みんな仲良しでアットホームだから魅力的だ、と思うのは社長を含めて中高年の人たちだけかもしれません。若い人にとっては将来像が見えず、魅力のない会社かもしれません。

そもそもアットホームとは何か？　アットホーム以外に当社の強み、魅力はないか、この会社に命と同じ大切な時間を投資しても大丈夫か？　どう成長できるのか？　これを真剣に考えないと若い人は採用できないでしょう。

第2章

賃金管理の新常識

～「勤続重視ジョブ型」給与のすすめ

01

日本の賃金はジョブ型になるの？

日本政府はジョブ型（職務給）へ移行をしたい!?

日本の総理大臣が令和4年9月22日にニューヨーク証券取引所でとあるスピーチを行いました。その中の「人への投資」の内容として以下のようなことを言っています。

「まずは労働市場の改革。日本の経済界とも協力し、メンバーシップに基づく年功的な職能給の仕組みを、個々の企業の実情に応じてジョブ型の職務給中心の日本に合ったシステムに見直す。これにより労働移動を円滑化し、高い賃金を払えば高いスキルの人材が集まり、その結果労働生産性が上がり、さらに高い賃金を払うことができるというサイクルを生み出していく。」

どうやら総理大臣は先に述べた「日本型賃金システム」を見直すべきだと言っているようです。そして、新しい雇用と賃金システム（職務給）へ移行するべきというご主張なのですが、具体的にどうするべきなのでしょうか？

■35歳までは日本型雇用・賃金システム、35歳以降は「ジョブ型もどき」の職務給

日本において新卒一括採用が行われている限り、職務給が基本となるジョブ型雇用社会ではありません。日本型雇用・賃金システムの良い点は新卒を一人前の職業人に育成できることです。新卒や若手が失業せずにキャリアを形成できるのはとても良いことです。

また、社風に合わせて育った新卒を柔軟に配置転換し、欠員を補充できる、社風や業務全般を心得た役職者としてポストにつけることができるメリットは捨てがたいものがあります。大手企業は新卒採用をやめることはないでしょう。

しかし、**年功賃金で上がっていくのも35歳〜40歳くらいまでにすべきだと思います。**

つまり、最低限の賃金の底上げが終わり、さらに成長する人としない人との差がついていく時期に分岐点をつくります。

筆者は少なくとも40歳以降は実力主義であるべきだと考えます。40歳以降は総理大臣が言う職務給になるという意味でもあります。言い換えれば、若いうちは日本型賃金システム、35歳を過ぎればジョブ型賃金システムに移行するイメージです。

このある段階から分岐点となり、「職能給」（人に対する給与）から「職務給」（職務・ポジションに対する給与）へ移行する、という制度設計が日本的特徴、つまり「勤続重視ジョブ型」給与となっていくのだと思います。

35歳～40歳で昇給なし、微増程度の人のモチベーションは？

「40歳で昇給がほとんどなくなると、モチベーションが保てないではないか？」このような反論がありえますし、筆者も「そうだろうな……」と思うところです。

しかし、それに対しては、企業の責任として、より高い職務に従事することによる昇格昇給、努力に応じて評価される昇給や賞与の制度を整備することしかないと考えます。

これにより年収が増減する仕組みを持つということです。

社員の側としたら、健康でハンディキャップがない限り、会社の貢献度合いを高めるべく、勉強する、スキルを磨くなど努力をしてほしいです。もし、会社がその努力に報いる仕組みがなく、評価されないとなればサッサと転職するべきです。

これがまさに総理大臣がいう「個々の企業の実情に応じて、ジョブ型の職務給中心の日本に合ったシステム」であり、「労働移動を円滑化し、高い賃金を払えば、高いスキルの人材が集まり、その結果、労働生産性が上がり、さらに高い賃金を払うことができるというサイクル」を生み出す原動力となるはずです。

ハッキリ申しあげて、取り立ててスキルもなく、上昇する意欲もなく、口だけ達者な40代以上の中高年の社員を厚遇する賃金原資はもう企業にはありません。先に述べたように若手・女性・非正規社員の給与原資に積極的にまわさなければならない構造になったからです。

02 これからの賃金制度のキーワード その①「見通し」

これからの賃金制度のキーワードが3つあります。それは、

① 見通し
② 初任給
③ 柔軟性

です。それでは一つひとつ見ていくことにします。

■ 中小企業は大手・中堅企業の〝研修機関〟だ、と嘆く社長

社長

せっかく育ったら辞めていく。先日も28歳の男性社員が●●製作所に引き抜かれました。先生、この2年間で2人目です。中小企業は大手企業の研修機関ですね……（ため息）。

このようなことは随分昔からあったことです。

中小企業の社長なら同じような思いを抱いた方は少なくないでしょう。しかし、筆者はこの動きはこれからさらに加速すると思います。つまり、中小企業で自信をつけて、一人前になっていき、年収アップにつられてサッサと転職していく35歳未満の若手が急増するのです。昨今では大手企業、そして役所までも若い人を中心に人手不足です。ですので、もう若手人材の奪いあいになっています。若い人が本当に簡単に辞めていくな、という印象をお持ちの社長、人事担当者が多いと推察します。

明確な社長の給与の支払い方針がないと……

中高年の社員は今でもそれほど定期昇給が行われていません。また、賞与も評価が悪いと前年を下回る社員も少なくないでしょう。先ほど40歳以降は実力主義・職務主義で職務給的になっていくと申しあげました。現在でもその傾向は出始めています。

ところが、その（給与が上がらない）中高年のベテラン社員が若手に対して以下のようなことを言ってしまいます。

ベテラン社員X氏（ヒラ社員）

君、まだ若いので、ほかへ転職したほうがいい。この会社の給与は安すぎる。全然上がらない。俺らは、もう転職できないから仕方なくいるけどね。

ベテラン社員Y氏（主任　過去に課長から降格）

この会社はオーナー一族だけが得をする会社。実力主義ではない。社長や専務は信用できない。人事評価の仕組みがおかしい。以前、提案したが無視されたのよ。

このような中高年の先輩社員から、〝毒ガス〟のようなマイナス情報を毎日聞かされることがあります。中小企業では明確な賃金制度を公開しているところは少なく、社長の給与ポリシーが発信されることもありません。そうすると目の前の先輩が将来の自分の姿となり、夢も希望もなくなっていくのです。

会社はお金を稼ぐ場所、社員はお金の「見通し」をできるだけ示してほしい

会社とはお金を稼ぐ場所です。みんなお金をもらいに来ているのです。このお金、つまり社長の給与の支払い方針、給与制度に最も関心があるのは当然です。

特に若い社員は会社を全く信頼していません。大手企業でさえそうなのですから、中小企業など全く信頼されていない、タイミングが来たら辞めようと思っている？　と言い切ってもいいでしょう。

したがって、社長が給与の支払い方針、給与の「見通し」を示すことが必要なのです。その上で、若手を育て、適材適所に抜擢します。

たとえば、

- ●大手企業なら課長になるのに20年かかるのに、頑張れば中小企業の当社なら10年でなれる、年収も同級生に負けない。会社の規模が小さいので、会社が発展すれば自分の人生も開けていく、上向いていく
- ●10年勤務し、努力して力をつければ独立できる
- ●執行役員になれば年収１０００万円以上は確実
- ●グループ経営で子会社の社長になるチャンスがある

などです。

もっとも、中小企業にやってきた若手は大手企業のような給与水準は期待していません。

頑張れば報われる会社なのか、正当に評価され、給与がその頑張りに見合うものとなるのか、それに関心があるのです。

中小企業の社員は「先が見えない」と言って退職します。

しかし、中小企業が明確な給与制度をつくったら「先が見えた」と言って退職する人もいます。とても難しいと感じます。しかし、幹部、キーマンにはしっかり報いる給与制度をつくって、40歳くらいで給与水準のピークを迎えるにしても、「先が見えた」と言って退職するならそれは仕方ないではないですか。逆に文句を言い続け、士気が低いままで65歳、場合によっては70歳まで仕方なく働いている社員がゴロゴロいると考えるとゾッとしませんか。

ここで付け加えておかなければならないのは、日本型賃金システムのようにライフステージ全般、つまり60歳〜65歳まで会社に居続ける見通しではありません。**「少なくとも10年間は頑張る見通し」**であることを強調したいと思います。

実力主義型終身雇用という「見通し」

先に「勤続重視ジョブ型」給与は勤続10年を想定していると申しあげました。

しかし、10年立てば、辞めてもらうということではありません。

終身雇用というのは日本の風土ですので、これは当面変わることはないと思います。法的にも一度雇った社員の解雇は余程の理由がない限り認められません。この終身雇用というのは「この会社で真面目に頑張る、勤めたい」という意思があれば原則としてクビにはならないということです。

しかし、**実力主義型でなければ、会社に魅力と競争力がなくなると思います。**

実力主義型というのは、①この会社にいれば力がつく、どこへ行っても通用する力が身につくなどのキャリア形成ができるということです。また、②その実力に相応しい、市場価値に照らして遜色のない適正な賃金が支払われるチャンスがあるということです。

これはプロ野球チームが実力主義ではなく温情主義・家族主義であれば日本一になれないのと同じです。

年齢や学歴ではなく、自分に求められる役割・職務に応じて成果がどうか、もらっている給与に対して成果がどうかを示し、「働けば実りがある」、逆に「成果がパッとしないと相応の給与になる」ことを理解させることが必要です。

つまり、自社の給与ポリシーを毎年のように言い続けないといけないということです。

要するに貢献度が低い場合、給与は上がらないこと、その貢献度とは何か、どう評価するかを伝え続けます。

こういうことをくどいほど言い続けている会社は厳しい会社ですが、待遇が良く業績もいいです。

一方で、頑張って努力しているのだが、残念ながらその職務そのものの希少価値がなくなっていくという場合も給与は頭打ちになります。その場合、キャリアの途中で職種転換、労働移動が必要となる場面も増えてくるでしょう。働く側にそのようなキャリア形成の現実を若い頃からしっかりと認識し、準備させるのが日本社会としての課題になります。

03 これからの賃金制度のキーワード　その②「初任給」

人が採用できる「初任給」

最低賃金が今後１５００円に向かって確実に歩みを始めます。

そうすると、高卒初任給が25万円以上になっていくので、若手を中心に初任給が毎年アップすることになります。さらにただ若いだけでなく、良い人材を確保しなければなりません。ライバル会社（競合）との人材獲得競争で負けるわけにはいかないのです。賃金は労働市場の価格で、時価賃金になっていきます。常に新鮮な情報を仕入れて戦う必要があります。

ところが、中小企業は意外とライバル会社（競合）の初任給等の募集条件を知りません。この人手不足の時代においては「求人票の見栄え」が悪いと応募がない時代です。

採用候補者の視点にたって、基本給は低すぎないか、そのほか見劣りしている点はないか、

休日数は大丈夫かの定期的なチェックが欠かせません。

できればその競合のパンフレットを入手する、合同会社説明会で競合がどのようなブースを出しているのかなどの調査も実施したいところです。

「求人の見栄え」の中で大切なのは初任給です。

中小企業の場合、初任給や待遇で勝負することは難しいです。しかし、明らかに見劣りしていると人は来ません。特にアルバイト・パートは時給の高低は決定的要素となります。周辺エリアにて100円以上も差があると、特に主婦層の採用はかなり難しいです。

初任給アップと在籍者とのバランス

初任給アップの流れに対応しようとすると、大きな壁にぶつかります。それは在籍者との賃金バランスです。要するに在籍者の賃金を底上げせざるを得ない事態に直面します。筆者は初任給アップのために在籍者の賃金アップをどう行うのか、という指導を何年もやっています。このニーズは2023年からさらに増加しました。

賃金原資に限りがありますので、この初任給アップ、最低賃金アップに対応し、純粋なベースアップができる会社はほぼありません。これが日本の多くの経営者の悩みの核心になっています。

したがって、本書の冒頭にも申しあげた若手傾斜配分的ベースアップとならざるを得ないのです。若手傾斜配分的ベースアップの実務は「第3章　「勤続重視ジョブ型」給与　給与改定の実務」でご説明していきます。

【ライバル（競合）調査を定期的に実施しよう】

		当社	A社	B社	C社
従業員数（パート含む）		100人	250人	60人	30人
給与等	初任基本給	20万円~	24万円~	21万円~	18万円~
	諸手当	役職手当 家族手当 住宅手当 通勤手当	役職手当 地域手当 通勤手当	役職手当 家族手当 資格手当 通勤手当	役職手当 皆勤手当 職務手当 通勤手当
	固定 残業手当 （時間数）	無し	無し	有り 10時間分	有り 定額で 3万円
賞与	月数 （前年実績）	2.5ヵ月分	4ヵ月分	3ヵ月分	2ヵ月分
モデル年収 （●歳でいくら）		明記無し	30歳　主任 年収490万円 40歳　係長 年収650万円	明記無し	明記無し
退職金の有無		有り 退職一時金	無し、ただし 401K有り	有り 退職一時金	有り 退職一時金
転勤の有無		有り	有り	無し	無し
年間休日		110日	124日	120日	105日
福利厚生		社員旅行 飲み会補助	社宅制度 奨学金返済 支援制度	社宅制度 資格取得 支援	特に無し
平均残業時間		月間20時間 程度	月間15時間 程度	ほぼ無し	月間40時間 程度
平均年齢		45.1歳	38.2歳	44.3歳	48.9歳
売　上		25億円	63億円	13億円	6億円
その他特徴		一昨年より新卒採用を中止。	新卒採用に熱心。最近世代交代し、若手重視で中高年の反発が大きいらしい。	自社と最も近い。非常に堅実で財務内容が良い。最近休日を増やした。退職者が数名辞めてこの会社に。	社長が76歳。後継者無し。M&Aで売却の噂も。当社の島田主任が前にいた会社。

04 これからの賃金制度のキーワード その③「柔軟性」

3年前に賃金制度を見直したのですが、もうずれています……

筆者のところにご依頼をいただく会社の大半が「10年以上前に賃金制度を見直したが、もう時代に合わないので見直したい」というものです。このような相談は筆者が独立した当時の20年以上前からありました。しかし、最近の特徴は「3年前にコンサルタントを入れて抜本変更したのだが、どうも違和感があり見直したい」という事例が相次いでいることです。お悩みの中心が「若手が採用できない、定着しないので若い人の給与を上げたい」というものです。少なくないコンサルティング料をお支払いになり「改革」されたのに、制度が短命に終わり、本当にお気の毒に思います。まさに労務事情、賃金という時価の変動に伴い、賃金決定の方法が激しく変動する予兆だと感じています。

■とてもよくある賃金制度の例

◆基本給表

	1等級	2等級	3等級	4等級	5等級	6等級	7等級
1	170,000	186,000	210,000	230,000	272,000	300,000	380,000
2	171,000	187,000	211,500	231,500	274,000	303,000	383,000
	—	—	—	—	—	—	—
	—	—	—	—	—	—	—
24	193,000	209,000	244,500	264,500	318,000	369,000	449,000
25	194,000	210,000	246,000	266,000	320,000	372,000	452,000
26	194,500	210,500	247,000	267,500	322,000	375,000	455,000
27	195,000	211,000	248,000	269,000	324,000	378,000	458,000
28	195,500	211,500	249,000	270,500	326,000	381,000	461,000
29	196,000	212,000	250,000	272,000	328,000	384,000	464,000
30	196,500	212,500	251,000	273,500	330,000	387,000	467,250
31	197,000			274,500	331,500	388,500	468,500
	—	—	—	—	—	—	—
	—	—	—	—	—	—	—
49	206,000	222,000	270,000	292,500	358,500	415,500	495,000
50	206,500	222,500	271,000	293,500	360,000	417,000	497,000

◆基本給改定基準

評価ランク	昇給号数
S	+6
A	+4
B	+3
C	+2
D	±0

毎年、会社が自分で細かく修正できる制度しかもう運用できない

「とてもよくある賃金制度の例」（前ページの上図）をご覧ください。本やセミナー、人事コンサルタントが指導するよくある賃金制度の例です。これに「年齢給表」や「勤続給表」がついていることもあります。このような賃金表をもった給与制度がクセもので、自社で修正を重ねていくと、制度全体がおかしくなります。また、修正不能で放置されていくことも多いです。

その結果、矛盾だらけになれば社員には見せることができなくなります。徐々に制度自体を「非公開」にしていきます。総務人事部門の内規程度に運用をし始めることが一般的です。

その後、徐々に内規の機能さえも失っていき、社長や幹部が制度を無視して決定し始めます。

しかし、それは正しい判断で、そもそも中小企業が社員に公開し、運用するには無理な制度設計なのです。自社で簡単に変更できるものしか今後は運用できません。人事部がない中小企業なら、なおさらこの原則が妥当します。

05 「勤続重視ジョブ型」給与のすすめ

ここ数年は「勤続重視ジョブ型」給与への調整過程

ここ数年で日本企業がジョブ型雇用に転換し、職務給制度が実現する、ということはありません。そのような大転換ではなく、市場（マーケット）が見かけ上の賃金カーブを修正していくのみと言っていいと思います。

次ページの図をご覧ください。Ⓐのカーブが従来の日本型賃金システムにより描かれるカーブです。それに対してⒷはいわゆるジョブ型賃金カーブとします。正確に言えば、先に述べた職務主義の35歳～40歳以上の「ジョブ型もどき」賃金をふまえたカーブです。ただし、当面はⒷのカーブの標準的な人のゴールは現在と同様です（点線矢印のカーブ）。初任給というスタート地点が上がり、ゴールが同じであるので給与カーブがドンドン平坦になります。筆者は今

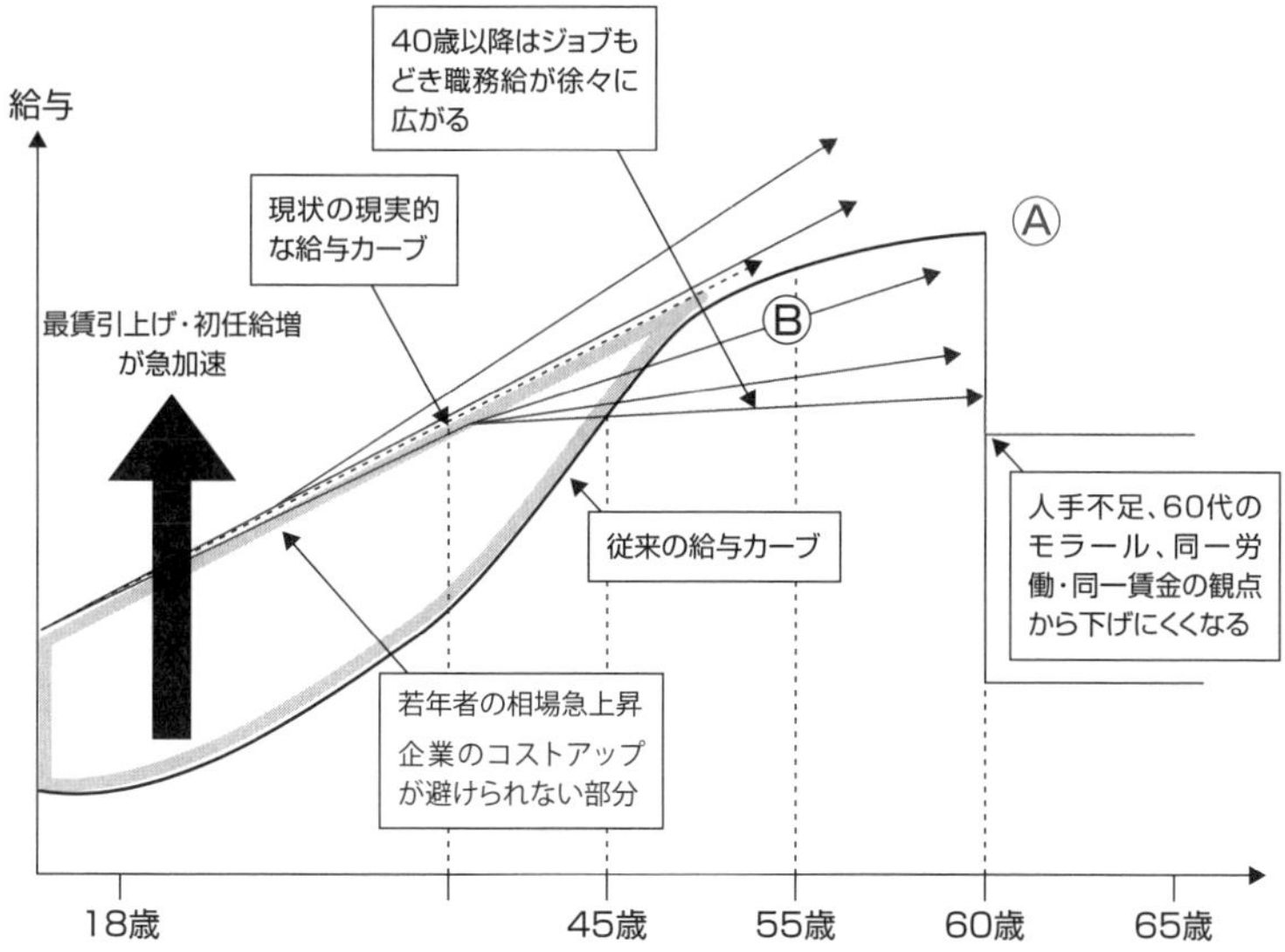

の中高年の人の給与が下がるというよりも、「名目賃金」はもう上がらない（又は上がり方はにぶい）だけと考えています。その一方、物価がそれ以上に上昇しますので一般的な中高年の「実質賃金」は下がっていく懸念が大きいです。

つまり、全く欧州のような「ジョブ型職務給」ではありません。

この現象は、賃金の市場（マーケット）の論理により若手の給与・女性の給与がドンドン上がっていき、最低賃金引き上げ（2030年半ばまでには1500円）もあいまって、日本型賃金システムが崩壊していく調整過程なのです。**システムの崩壊・調整過程なので常に企業はその変化対応に追われるということになります。**

このジョブ型雇用と日本型雇用の対比表をのせておきます。ジョブ型にも日本型にもメリット・デメリットがあることがおわかりいただけると思います。

筆者が〝ジョブ型もどき〟と表現するのは完全なジョブ型雇用への移行は日本では難しいからです。でも、それでいいんです。ジョブ型か日本型かの二項対立の議論では何も進みません。従来の日本型賃金システムは崩壊していくのですから、「新たな日本型賃金」への着地を模索する時期が当面続くと言えます。

日本の採用・賃金事情の未来は「3K職種」に学ぶ

筆者には人事給与コンサルタントとして業種・業界を問わず、ありとあらゆるクライアント企業とつながりがあります。その中で、従来から日本型賃金システムの蚊帳の外で経営を行っている業種は複数あるのです。

たとえば、3K職種、ドライバー職種等のエッセンシャルワーカーです。これらの職種は本書で述べる**「勤続重視ジョブ型」**給与をもう随分前から採用しています。

つまり、普通に求人を出していると応募がない職種です。ですから、初任給を高めで出します。たとえば、新卒初任給が19万円～20万円の時代であっても、初任給27万円～30万円以上です。

ジョブ型雇用と日本型雇用の相違

	ジョブ型 雇用システム	従来の日本型 雇用システム
コンセプト	ジョブ型	メンバーシップ型
採用	中途採用重視(ポスト募集) いわゆる就職	新卒一括採用重視 いわゆる「就社」
収入	男女共働き 原則ダブルインカム制度	男性：一家の大黒柱 女性：パート 原則シングルインカム制度
退職	転職が当たり前	原則定年まで勤務 (終身雇用)
仕事の幅	明確かつ限定	曖昧かつ総合 (特に中小企業は一人三役)
求められるスキル	専門的	総合的
職種変更	原則無し（柔軟性無し）	原則有り（柔軟性有り）
転勤	原則無し	原則有り
評価	成果重視	労働時間重視
処遇	職務給・年俸制	能力給・属人給・賞与・退職金
テレワーク	馴染む	馴染まない
ワークライフバランス	実現しやすい	実現しにくい
教育訓練	育成無し	企業内で育成
労働移動	円滑	障害有り

また、年齢という概念で賃金を決めないのも特徴的です。

家族を養う中高年の方の応募が大半です。未経験でチャレンジされる方も少なくありません。

そして、優秀な社員はその高い初任給からさらに昇給していきます。「昇格昇給」としては、
会社から「君は優秀だから顧客対応の窓口や管理業務を任せたいがどうか」と働きかけます。

本人が承諾すれば「新たな職務」が任せられます。承諾しなければ従来通りのワーカー職です。

また、「定期昇給」も行われます。

昇給する期間はおおむね10年程度です。その間に退職していく人が大半です。定着する人は
その間、昇給していきますので、相場より高い賃金になっていきます。

「勤続重視ジョブ型」給与とは？

改めて「勤続重視ジョブ型」給与とは何か？　たとえば、初任給は年齢にかかわらず、25万円だったとします。25歳の人も50歳の人も25万円です。ただし、勤務年数やキャリアによって加算することもできます。

基本給はその職務に今まで通り従事する限り、一定のところで頭打ちになります。以後の昇給は監督職、管理職などの新たな役割・職務を担っていく場合には行われます。

ただし、中小企業ですので、たとえば30万円でスパッと頭打ちというのはやりにくいことが

あります。昇給が停止する人のモチベーションを懸念するからです。その場合、従来どおり年１０００円～２０００円の「ないわけではない昇給」をするということもありえるでしょう。でも、その程度だということです。

とはいえ、ジョブ型や労働移動といっても中国のように3年以内でコロコロ転職してもらっては困ります。ジョブ型もどきの賃金体系になっていくことは許容しながらも、一定の勤続は奨励したいのです。ただし、繰り返しますが、勤続の奨励と言っても、10年程度です。20年ではありません。これからは、**10年以上勤務した後には、一定のリスキリングと労働移動が行われるのが健全だと思うからです。**

賃金管理の教科書にのっているのは「等級・号俸で上位等級ほど昇給額が大きい制度」「40歳後半から50歳過ぎくらいに賃金水準をピークにもってくる年齢給・勤続給・職能給」でした。しかし、これは本当に限られた業種・職務でしか成り立たなくなります。

06 「賃金表」ではなく「●●表」

賃金は「範囲職務給」で管理する

「勤続重視ジョブ型」給与と従来の給与との特徴の差は以下の通りです。

「勤続重視ジョブ型」給与では、範囲職務給を採用します。

範囲職務給とはグレード毎に基本給の上限・下限を決め、その範囲で基本給を決定する給与制度です。従来の制度と区別して範囲職務給では等級をグレードと呼ぶことにします。まずは等級と同じ意味だと思ってください。

このグレードの範囲内で刻々と変化する賃金相場に応じて、「時価を反映する初任給」と「時

従来型給与と「勤続重視ジョブ型」給与比較

従来型		勤続重視ジョブ型
若年者は低い初任給	⟷	採用重視で市場価格を反映した高めの初任給
固定された「賃金表」による昇給	⟷	毎年変わりうる「昇給表」による昇給
「等級・号俸」による管理	⟷	「範囲職務給」による管理
定期昇給は55歳くらいまで	⟷	定期昇給は原則40歳又は勤続10年程度まで
役職手当金額は一律固定	⟷	役職手当金額は多様・変動
等級は6～9等級	⟷	等級は原則3等級 ただし、職務区分が説明できれば等級数を増やすことができる

価を反映する昇給」を実施します。

グレードは原則として「実務職層」「監督職層」「管理職層」の３グレード程度です。従来の等級制度のように８つも９つも区分しません。

さらにグレードの基本給の上限・下限は可能な範囲で職務毎に設定するようにします。この職務毎といっても、賃金水準が同じような一般事務や営業職・製造職などは敢えて切り出して区分することはありません。たとえば、建設業における現場監督、調剤薬局における薬剤師、小売販売業におけるＷＥＢマーケティング担当者、清掃会社のドライバーなど採用困難職種は別に区分するなどがありえます。要するに、市場価値の高い採用困難職種（高度専門職又は不人気エッセンシャルワーカー）を高い初任給で迎え、かつ定着してもらうために一定の昇給をしていく基盤を整備するのです。この採用困難職や高度専門職には原則として「管理職層」というものはありません。しかし、管理職層より高い給与が支給されることが想定できます。もっとも、採用困難職又は高度専門職が管理職層である場合、絶対に辞められないように役員並の報酬を払うこともあります。

範囲職務給　基本イメージ

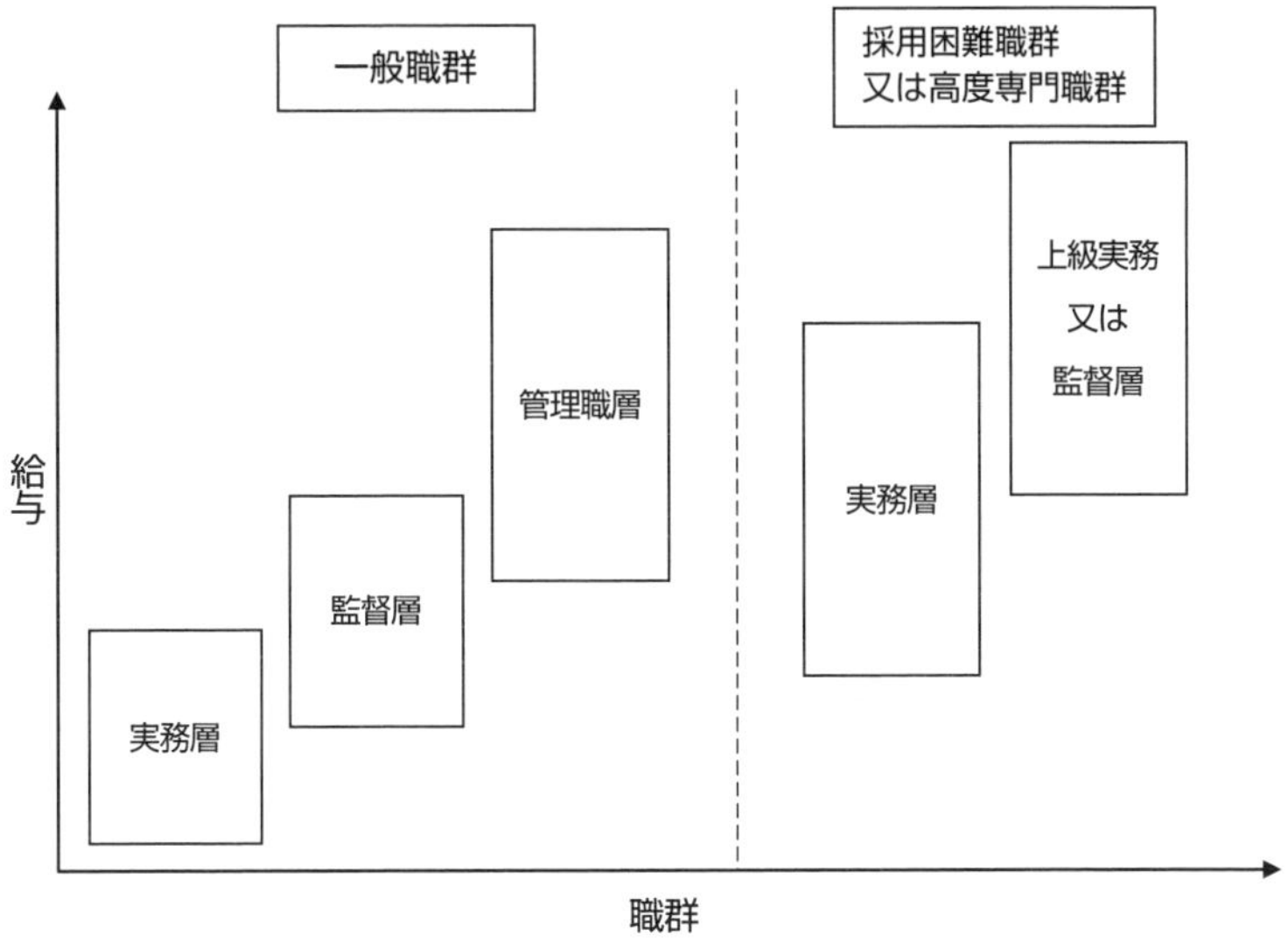

大きくは「実務職層」「監督職層」「管理職層」が一般です。それに加えて採用困難職群・高度専門職群があれば、一般よりも高水準で範囲職務給を設定します。

賃金は●●表で管理する

賃金は「賃金表」ではなく、「昇給表」で管理します。

昇給表といっても上位等級ほど昇給額が高くなるような水準にはしません。

昔は「昇給〝率〟」という発想が強く、上位等級、つまり今の給与の絶対額をもとに率で決めるべきという考えがありました。そうすると上位等級ほど必然的に昇給額も高くなるのです。「勤続重視ジョブ型」給与は、職務給つまり**「役割や職務が同じであれば原則同じ給与」**という方向へ近づけたいのです。本来、職務給なら昇給もする必要はないかもしれません。しかし、それはでは熟練・貢献も反映できず、勤続の奨励もできないと考えています。もっとも、従来型の昇給を続けると、今後上昇する高い「初任給」をスタートとして、さらに高い昇給額が加わってしまうので労務コストをコントロールできなくなります。


したがって、年齢・勤続・等級・職務にかかわらず、とても優秀：1万円、優秀：７０００円、標準：５０００円もう一踏ん張り：３０００円、問題あり：０円と仮のガイドラインとして一律に設定します。**ベースアップは別です。**もっとも、中小企業であっても収益力・体力のある会社はもっと支給することができますし、そのようにしているクライアントも複数あります。

「勤続重視ジョブ型」給与　昇給イメージ

◆上位等級ほど昇給額が高いのが従来の賃金制度の昇給額のイメージ

評価	とても優秀	優秀	標準	もう一踏ん張り	問題あり
5等級	20,000円	16,000円	12,000円	6,000円	0円
4等級	15,000円	12,000円	9,000円	4,000円	0円
3等級	9,500円	7,500円	6,000円	3,000円	0円
2等級	7,000円	5,000円	3,500円	2,000円	0円
1等級	5,500円	4,000円	2,800円	1,800円	0円

◆グレードにかかわらず、同じ額

評価	とても優秀	優秀	標準	もう一踏ん張り	問題あり
昇給金額	10,000円	7,000円	5,000円	3,000円	0円

このような昇給表を提案すると、「上の等級に昇格する旨味がないではないか」と反論されることがあります。筆者はこれに対しては以下のように回答しています。

「若手の給与水準を数万円単位で上げる、それに伴い在籍の全従業員について数万円上げることができるなら、従来どおりの昇給を続けてください」

「初任給を25万～27万円以上に引き上げてさらに年功賃金で中高年の昇給が底上げできますか?」

この等級の昇格により昇給額がドンドン上がっていくという発想が日本型賃金システムそのものです。日本型賃金システムを維持できるのは、新卒採用・若手の採用に困らない、一部の高収益製造業くらいです。かなりレベルの高い会社であっても等級の昇格によって昇給額が上がるという旨味を打ち出し続けることは今後かなり困難になるとみています。

昇給表は毎年見直す

この87ページの昇給表は業績標準時のガイドラインであり、毎年見直しがありえます。

もっとも、給与というのは業績が良いから上げる、悪いから下げるというものではありません。ですから、業績に応じて変えたい場合でも、加算・減算的調整は上記より±１０００円程度にしておいたほうがいいと考えます。

今、日本の中小企業が直面しているのは、**「若手傾斜配分的ベースアップ」**です。

中高年のベースアップは一応ある程度にして、日本全国の企業が若手の給与を手厚くすることに奔走しています。

初任給は高卒で25万円以上になり、大卒で27万円以上はなると申しあげました。

ここ数年においても新卒初任給を１万円以上増額するという動きは盛んにみられます。

筆者のところにご相談にみえる企業様も災害的なこの賃上げ情勢に対応するために実にさまざまな苦労をされています。

また、よくある事例をご紹介します。

A社は社員１２０人の製造業。

20年前につくった賃金表があります。しかし、今はこの賃金表は使われていません。

今年、A社のA社長は次のような昇給方針をたてました。

- 新卒初任給を20万円から21万5000円に上げる
- 20代　1万2000円ベースアップ＋定期昇給3500円程度
- 30代　1万円ベースアップ＋定期昇給4000円程度
- 40代　7000円ベースアップ＋定期昇給5000円程度
- 50代　3000円ベースアップする＋定期昇給3000円程度

そのときの会話です。

筆者

立派な賃金表があるのに全く使っておられないのですね。

社長

実は5年前くらいに食堂にかけてある就業規則のファイルから賃金表をこっそり抜きました（笑）。もう10年くらい毎年、こんな感じで昇給額を決めてます。

筆者

今年は久しぶりのベースアップですね。

社長

そうなんです。このベースアップの額や昇給額が適正なのかご相談をしたくて……。

筆者

貴社の賃金バランスや収益力・体力からすれば特に問題はないと思います。でも、来年からはこんなにベースアップはできませんから、若手の定期昇給はルールを見直してもっと上げたほうがいいですね。

こんな感じで少なくとも3年に1回程度決めていかざるを得ない状況になります。

等級（グレード）区分は3つ程度にする

先に述べた範囲職務給の具体例を示していきます。基本は「実務職層」「監督職層」「管理職

在来のよくある等級定義

等級	職務の概要
9級	高度な知識と実務経験、経営に関する見識を備え、かつ会社業務全般について積極的意欲を有し、役員を補佐するとともに、管理的な立場で担当部門の重要な調査、研究、企画、判断、折衝業務を全社的視野に立ち、責任を持って効果的に遂行し、かつ所属員を適切に指導、監督して担当部門の業務全般を推進できる。
8級	担当部門の業務について、相当高度の専門的知識と実務経験並びに関連部門の業務に関する広域な知識を有し、総括的指示の下で自ら企画、立案、調整を行うとともに、所属員を指導、監督し、担当業務を全社的視野から責任を持って遂行できる。
7級	担当部門の業務について、相当高度の専門的知識と実務経験並びに関連部門の業務に関する知識、さらに経営に関する基礎的知識と理解力を有し、管理職の指示監督の下で複雑な非定型的業務を企画力、判断力、折衝力をもって効果的に遂行できる。
6級	担当部門の業務について、専門的知識と実務経験並びに関連部門の業務に関する一般的知識を有し、一般的指示の下で非定型的業務を企画力、判断力、折衝力をもって単独で遂行できる。
5級	担当業務について、一般的知識と実務経験を有し、下級者に指示・指導できる。また、上司の一般的指導監督のもとで定型的業務を一般知識、経験に基づき独立又は少数の下級者に指示し遂行できる又は定型業務で難易度の高い業務を技能熟練により推進できる。
4級	担当業務について一応の知識、経験に基づき、上級者の要点的事項の指示を受け、特定又は小範囲の業務が適切に処理でき、かつ上級者の業務の補助ができる。
3級	担当業務について上級者の具体的指示監督のもとに日常の定型的業務を行い、特定又は範囲内の定型的業務が処理できる。
2級	上級者の具体的な指示監督を受け、日常の定型的業務を行い、特定又は範囲内について、その都度指示を受けて処理することができる。
1級	上級者より詳細な指示を受け、かつ監督され安易な定型的・補助的業務、簡単な反復単純業務を行うことができる。

勤続重視ジョブ型グレード定義

グレード	概　要
管理職層（グレード3）	部門の責任者として高度なマネジメント能力と専門能力を基礎に、部門業績の責任と部門活性化の責任を負う。
監督職層（グレード2）	部門内の小チームのリーダーとして判断業務を中心に職務を遂行しながら、チームのマネジメント責任を負う。
実務職層（グレード1）	プロとして必要な知識技能を有し、専門分野を確立する。業務は定型業務から複雑・非定型業務まで幅広く遂行する。

グレード（グレード2相当）	概　要
専門職層	高度な専門能力を有し、専門領域での業務を遂行し、管理職と同等又はそれ以上の組織貢献を果たす。

層」の3つで区分すると申しあげました。今まで職能資格制度などで見られたような等級能力要件は抽象的すぎて何がなんだかサッパリわからず、実務では役に立ちません。よくある等級能力要件は以下のようなものです。

4等級と5等級の違い、5等級と6等級の違いの具体的イメージがわきません。わからないので誰もみない、使わないようになります。まさに人事労務の世界における「空理空論」の象徴、日本型賃金システムの遺物そのものです。

しかし、「実務職層」「監督職層」「管理職層」の3つなら区分が容易です。実際に任せる、目に見える職務内容だからです。3つの区分の説明も具体的にできるのです。もし加えるなら「専門職層」です。

クライアント企業によっては、それぞれの階層をさらに3つずつに区分したいとか、実務職を3つに区分し、監督職層と管理職層を2つに区分したいなどのニーズはもちろんあります。その違いを説明できれば区分することはOKです。

ただし、区分すれば社員に具体的な説明する責任も生じることは留意する必要があります。

第3章

「勤続重視ジョブ型」給与
給与改定の実務

01 これから益々ニーズが高まる、悩ましいベースアップ的な昇給

ベースアップとは賃金表の書き換えだが……

ベースアップとは、全従業員の給与を一律に引き上げることであると説明しました。

つまり、賃金表そのものの書き換え（全体的な上方修正）です。

「勤続重視ジョブ型」給与では単一レートの職務給ではなく、一定の幅をも持たせた評価による勤続加算を反映させることができる範囲職務給です。

この範囲職務給の場合、ベースアップにおいても上限・下限を引き上げるのかと言えば、原則としてそのようなことはしません。

先に中小企業においては、ベースアップと定期昇給は区別していないと申しあげました。

しかし、今後、最低賃金上昇、新卒初任給や若手の初任給が上がってくると、評価や社内事情によらない「ベースアップ的な昇給」が中小企業でも余儀なくされます。

一方、最低賃金引き上げによりパートの賃金が上がる、若手の賃金が上がるからとって、全体的な「ベース」をその都度引き上げることはできません。

そんなことをすれば、労務コスト倒産してしまいます。

02 これからの中小企業のベースアップの実務

「勤続重視ジョブ型」給与3種の神器

中小企業においてもこれから定期昇給だけでなく、ベースアップ、言い換えればベースアップ的要素を盛り込んだ昇給が必要となる場面が少なからず出てきます。

もっとも、社員にはベースアップ金額は●●円です、という労働組合がある大手企業のような発表はしません。

なぜなら、多くの経営者がすでに給与の高い中高年や評価の悪い人にはベースアップ的昇給をするつもりはない、又は極小にしたいからです。

ご存知の通り、一度上げた給与はなかなか下げることはできません。しかし、昇給の有無・

昇給をする場合、その額の決定は経営裁量なのです。ですから、**問題のある社員や給与の割に働きが悪い社員には一切上げる必要はありません。**

具体的に読者にイメージを持っていただくために事例でご説明いたします。

中小企業のＢ社を取り上げます。Ｂ社は社員12名です。

幸い後継者に恵まれ、後継者は自分と同年代又は年下の若い人をもっと採用して、新たな事業を展開し、会社を伸ばしていきたいと考えています。

Ｂ社はすでに「勤続重視型ジョブ型」給与を導入しています。

その内容は以下の通りです。

新たに実務的には「**昇給係数**」という概念を加えてみましょう。

【事例：中小企業Ｂ社（社員12名）】

【勤続重視ジョブ型】　給与３種の神器
その①　グレード毎に範囲職務給
その②　昇給表
その③　昇給係数

◆範囲職務給

グレード	基本給	
	下限	上限
3	270,000円	400,000円
2	230,000円	300,000円
1	180,000円	270,000円

高卒初任給	18万円
大卒初任給	20万円

◆昇給表

評価	とても優秀	優秀	標準	もう一踏ん張り	問題あり
昇給金額	10,000円	7,000円	5,000円	3,000円	0円

昇給額はグレード毎の上限・下限の範囲でこのように、評価に基づいて決まります。

この昇給表は原則として毎年作成します。

経営困難時は避けたいですが昇給がゼロもありえます。

一方、ベースアップがあれば、ベースアップ金額＋昇給表による昇給額が決定昇給額となります。

「昇給係数」とはなだらかな昇給カーブをつくるために、基本給の上限・下限内に設ける係数です。

前ページの「範囲職務給」と「昇給表」があれば定期昇給は可能ですので、必須の要素とまで言い切れませんが、設定することをおすすめしています。特に社員が数百人規模になると社長が調整とはいかなくなるからです。

昇給係数を設定することで、グレードに比して給与が低い人は通常の昇給が行われ、グレードの上限に近づくと昇給が抑制されることになります。昇給係数「パターン1　上限留置型」の場合です。標準の評価を得た人は５０００円昇給します（５０００円×１・０）。

しかし、グレードの中位を超えて、上限に近づくにつれて、４０００円（５０００円×０・

8）、3000円（5000円×0・6）、2000円（5000円×0・4）の昇給にとどまるということです。

「パターン2　張り出し型」は上限でピタッと停止するのは抵抗があるという会社向けの昇給係数です。上限という原則は設けながらも、上限を超過した場合でも昇給を認めようとするものです。標準の評価を得た人は2000円（5000円×0・4）の昇給となります。ただし、この場合でも、表向きは上限で停止するというルールにしておき、会社が認めた場合に限り昇給するとしておきます。

B社が100ページの図表のような範囲職務給を有していたとします。B社が最低賃金の上昇、新卒初任給の上昇による大幅に初任給をアップせざるを得なくなりました。特に地元の高卒も採りたいのですが、少子化や進学率の向上で困難を極めています。

ですので、思い切って「高卒初任給を18万円→19・5万円に、大卒初任給を20万円→21・5万円」とすることにしました。

（昇給係数　パターン１）

【上限留置型　例】

グレード毎の上限金額
（これ以上の昇給は原則無し）

0.4
0.6
0.8
1.0

グレード毎の下限金額

（昇給係数　パターン２）

【張り出し型　例】

グレード毎の上限金額
（ただし、内規として上限超過後も0.4を乗じ、
特別な昇給を実施することができる）

0.6
0.8
1.0
1.2

グレード毎の下限金額

B社のベースアップと定期昇給の実務

「高卒初任給を18万円→19・5万円に、大卒初任給を20万円→21・5万円」とする前提で、B社の「ベースアップ」と「定期昇給」の実務を行ってみましょう。

社員の中で最も低いのは高卒の初任給です。

その初任給を18万円→19・5万円に上げます。

それに伴ってグレード1の下限も18万円→19・5万円に引き上げます。

次にグレード1の上限です。

同様に1・5万円を加算して27万円→28・5万円に引き上げもて良いですが、中高年の実務層の給与をこれ以上、上げたくないとの社長の意向があり、今回は実務層のグレード1の上限は据え置くことにします。これも5000円上げたり、1万円上げたり社長の自由です。

そうすると今回は次ページの図表の通り、「高卒初任給」、「大卒初任給」と「グレード1の下限」のみの制度変更となります。

グレード	基本給	
	下限	上限
3	270,000	400,000
2	230,000	300,000
1	195,000	270,000

クレード１の下限だけ
上方修正

新卒
初任給アップ

高卒初任給	19.5万円
大卒初任給	21.5万円

89ページに登場したA社はA社長が年齢・勤続・評価などを考慮して、熟慮をしてベースアップ額と昇給額を決めていました。A社の社長は賃金実務をよく知っておられ、精通されていらっしゃったので、社長の裁量で実施することができたのです。

ただし、これが社員２００名、３００名以上の企業が、数年おきに修正をせまられるとしたらどうでしょう。どのように社内バランスをとって、賃金を決めるのか、社長もどうしたら良いのかサッパリわからなくなるはずです。特に賃金表で管理している場合、もう「お手上げ」という表現がピッタリでしょう。

「勤続重視ジョブ型」給与の強みは「**柔軟性**」です。

初任給アップや賃金相場によるベースアップが柔軟にできることが必要です。

先に述べたように、ベースアップがなければ昇給表によりグレード毎の基本給の上限・下限の範囲内で昇給係数に基づいて昇給を行うのみでした。

ベースアップがあれば「ベースアップ金額＋昇給表」が昇給額となります。

この昇給額に昇給係数をかければ良いのです。

昇給係数をかけた後にグレード別の上限を超過する場合があります。その場合は上限で基本給の昇給は原則として打ち止めとなります。

（2023年　B社の給与明細）

名前	性別	年齢	勤続	役職	グレード	基本給	役職手当	所定内賃金合計
A	男	68	40		—	200,000		200,000
B	女	65	30	係長	—	250,000	10,000	260,000
C	男	59	32	部長	3	380,000	100,000	480,000
D	女	55	12		1	270,000		270,000
E	男	48	14	課長	3	350,000	70,000	420,000
F	男	44	4		1	260,000		260,000
G	女	45	10	係長	2	292,000	10,000	302,000
H	男	41	17	一般	1	265,000		265,000
I	男	28	3		1	218,000		218,000
J	女	26	4	一般	1	215,000		215,000
K	男	24	1		1	200,000		200,000

Ｂ社の具体的な実務をみてみましょう。Ｂ社の社員の給与明細は前ページの通りです。「勤続重視ジョブ型」給与を導入する前にはＢ社の基本給に特に決定ルールはなく、現社長が熟慮を重ねて、都度決定してきたといいます。

Ｂ社の社長の意向は以下のようなものでした（ちなみに、どの企業様のご依頼も規模の大・小予算の金額の多寡はあるものの似たようなものです）。

●ベースアップ＋昇給額の予算は年間１３０万円程度までにしたい（社会保険料抜き）。
●60代の嘱託社員はベースアップ・昇給ともに実施しない。
●新卒入社の社員と若手の社員が逆転しないように若手を中心に底上げしたい。
（ちなみに新卒初任給は１・５万円上がるのでこれ以上の昇給が必要）
●中高年で評価の良くない人は上げたくない。
●中高年でも平均以上の人はベースアップしてもいい。

上記の意向を反映したのが以下の「賃上げ＝ベースアップ＋定期昇給」の案です。昇給係数は「パターン１　上限留置型」を採用することにしています。

(1) Aさん・Bさんは60代なのでベースアップ・昇給ともにありません。
(2) Dさんは上限金額に到達しているので原則として昇給はありません。「パターン1 上限留置型」を採用しているので昇給係数はゼロです。
(3) ベースアップ金額は1・2万円で設定し、評価による定期昇給を行います。社員に対してはベースアップを1・2万円するとは言いません。ベースアップとは全員一律昇給の意味だからです。あくまで「ベースアップを加味した定期昇給」です。

以上のような昇給案がまず出来上がりました。

すると、B社長より2点の懸念事項が上げられました。

> 懸念事項① K君(男性 24歳 昇給後基本給21・7万円)と、新卒社員(初任基本給21・5万円)の差がなさすぎないだろうか。
>
> 懸念事項② Dさん(女性 55歳)昇給額がゼロになっている。働きぶりからしたらゼロだが、みんなベースアップしているのでゼロというのはかわいそうだ。

筆者はこのような場合、社長にお任せしています。

今回の昇給時のルールは上記で完成ですが、後は社長が予算の範囲で決めればいいと考えています。

すると、Ｂ社長は「Ｋ君にはこの昇給案に１０００円を加算したいと思います。Ｄさんは今年に限り、ベースアップとして３０００円昇給したいと思います。Ｄさんはグレード２の上限を超えますが、致し方ありませんね」とおっしゃいます。

筆者もこれに賛成し、昇給作業は完了です。

■「勤続重視ジョブ型」給与のグレードの上限を変更するパターン

ベースアップ時にグレードの「上限」を上げるのか否か？　それは会社の収益力・体力次第だと考えています。筆者のクライアントでも２０２３年はグレードの上限金額を５０００円〜１万円増額した会社も複数存在します。

ポイントは「勤続重視ジョブ型」給与を構成する範囲職務給は賃金表の具体的な目盛りやピッチに縛られないため、このような上限・下限金額の変更を極めて柔軟に実行できるということです。さらにこの上限・下限を変更しても、その範囲に収まっている社員の給与を直ちに変

今年の昇給表より

パターン１
上限留置型を採用

							①	②	③	④(②+③)	⑤	⑥(④×⑤)	⑦(①+⑥)
名前	性別	年齢	勤続	グレード	役職	人事評価	基本給	ベースアップ	定期昇給	仮昇給合計	昇給係数	昇給額	昇給基本給
A	男	68	40	1		標準	200,000					0	200,000
B	女	65	30	1	係長	標準	250,000					0	250,000
C	男	59	32	3	部長	標準	380,000	12,000	5,000	17,000	0.60	10,200	390,200
D	女	55	22	1		もう一踏ん張り	270,000	12,000	3,000	15,000	0.00	0	270,000
E	男	48	14	3	課長	優秀	350,000	12,000	7,000	19,000	0.80	15,200	365,200
F	男	44	4	1		標準	260,000	12,000	5,000	17,000	0.60	10,000	270,000
G	女	45	10	2	係長	優秀	270,000	12,000	7,000	19,000	0.80	15,200	285,200
H	男	41	17	1	一般	標準	265,000	12,000	5,000	17,000	0.40	5,000	270,000
I	男	28	3	1		標準	218,000	12,000	5,000	17,000	1.00	17,000	235,000
J	女	26	4	1	一般	標準	215,000	12,000	5,000	17,000	1.00	17,000	232,000
K	男	24	1	1		標準	200,000	12,000	5,000	17,000	1.00	17,000	217,000

	月額	年額
昇給合計	106,600	1,279,200

更する必要はありません。

今後は１１３ページの図表のように「通常のベースアップ」ではなく、「パターンⅠ」又は「パターンⅡ」のベースアップを上手に組み合わせて乗り切るほかないということです。

つまり、パターンⅠとパターンⅡの違いは以下です。

パターンⅠ　グレードの下限（スタート、主として高卒初任給）のみを増額し上限（ゴール）は変えない給与カーブをつくる

パターンⅡ　グレードの下限（スタート、主として高卒初任給）と上限（ゴール）の両方を変更する。**しかし、下限の増額幅より上限の増額幅はおおむね半分以下とする**

Ｂ社は上限・下限の変更について、パターンⅠを採用したと言えます（昇給実務で最後に社長の判断で、社員Ｄさんの基本給は上限を超えて特別な昇給をしましたが、制度として上限を変更したわけではありません）。もっとも、来年、再来年における物価や外部労働市場の激変からパターンⅡにより、グレードの上限を修正することも十分にありえます。

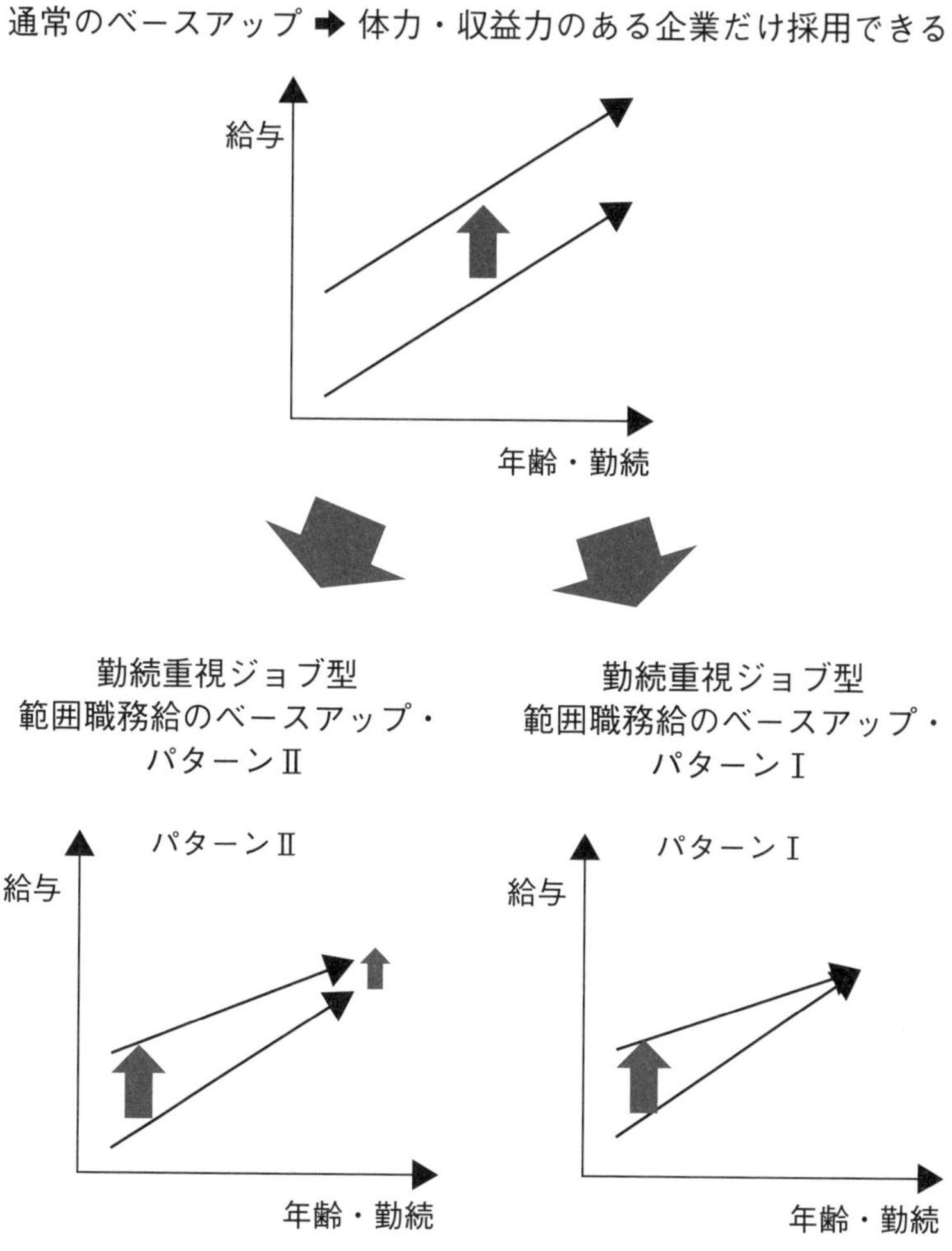
通常のベースアップ ➡ 体力・収益力のある企業だけ採用できる
給与
年齢・勤続
勤続重視ジョブ型
範囲職務給のベースアップ・
パターンⅡ
勤続重視ジョブ型
範囲職務給のベースアップ・
パターンⅠ
パターンⅡ
給与
年齢・勤続
パターンⅠ
給与
年齢・勤続

Ｂ社の事例を取り上げたことから、「勤続重視ジョブ型」給与が何か小さな会社にだけ適用できる考え方とお感じになった読者もおられるかもしれません。しかし、初任給、グレードの設定方法（グレード数、上限・下限）、昇給表、昇給係数を各社各様のオーダーメードで、社員数１０００人を超える企業から10人程度の企業まで導入が可能な給与制度なのです。

03 昇給時期はいつにするのか？

「昇給」と「春闘」の関係

読者の皆さんの昇給月は何月でしょうか？

一般的に昇給月で最も多いのは4月です。そのような会社に筆者は「なぜ、4月昇給なのですか？」とお聞きします。大半の回答は「特に意味はありません」です。つまり、多くの中小企業においても「先代から4月だったから……」というだけです。**4月昇給は春闘と関係があります。**

春闘とは「春季闘争」の略で、労働組合が毎年2月～3月に毎年行う、賃上げ要求を中心とする闘争（交渉）のことです。労働組合は毎年賃上げ目標をたてます。たとえば、労働組合は賃上げ「5％以上」、定期昇給を除くベースアップを「3％以上」などの要求を掲げます。そして、経営側との交渉を経て結果として「賃上げ4％」、「ベースアップ2％」という妥結を得るという流れです。

ここでいう「賃上げ」とは賃上げ（4％）＝「定期昇給（2％）＋ベースアップ（2％）」とお考えください。大手企業は賃金制度や評価制度がしっかりしていますから、定期昇給の上げ幅は交渉の有無にかかわらず確定しています。

したがって、**要求の焦点はベースアップになります。**

ベースアップは「賃金改善」という言葉が使われることもあります。ベースアップ又は賃金改善を組合平均の「額」で要求する場合（たとえば、一律3000円等）も多くあります。

もっとも、産業界では正社員間でも差をつける「脱一律」の動きが広がっています。先に述べたように年功賃金モデルの修正がせまられているからです。企業の競争力を高めるために成果、職務に応じて賃金を配分したいというのが大手企業においても当然の本音なのです。

日本では過去よりこの春闘の妥結結果を受けて、横並び的に社会全体に賃金水準を含む労働条件の目安が波及してきた経緯があります。それを受けて中小企業においても4月に昇給を行う会社が多くなりました。

今年の昇給、他社はどうですか？

筆者のところにも毎年のように4月昇給の会社から、「先生、今年の昇給の他社の動向はどうですか？」「今年の春闘の賃上げ要求は5％とか言われていますが…」などという質問が寄せられます。

ご質問は2月～3月初旬に寄せられることが多いです。ちらほらとマスコミ情報では、●●労働組合が●％を要求することを決めた、一部の大手企業が大幅な賃上げに応じる意向などの報道が聞かれる時期でもあります。

ご推察の通り、2～3月にご質問をお受けしても、確定的な情報がありません。

つまり、「だいだいこんなところかな」という水準は肌感覚でつかめるところはありますが、よくわからないというのが正直な感想です。わかってくるのは多くの会社が4月昇給を実施した後です。

実はデフレ環境下では原則としてベースアップは行われませんでした。よって、春闘の情報や他社がいくら上げているか？　といったことは特に気にすることもないものでした。しかし、今後、賃上げ情報はベースアップする会社も増えてくるでしょうから、社会のムードを含めて4月の賃上げ情報は改めて注目せざるを得ないと思います。

昇給は●月にしなさい

最近、筆者は4月昇給の会社には、**「昇給月を『7月』にしてください」**とご指導しています。そのほうが「賃上げ情報」「ライバルの動向」などを収集した上で、昇給実務を慎重に行えるからです。

「勤続重視ジョブ型」給与では原則的な「昇給表」は保持しながらも、毎年「昇給表」決める制度です。**タイムリーな事前情報に基づく意思決定が欠かせないのです。**多くの4月昇給の会社について6月にはおおむね賃上げ情報が出ているので、7月に昇給を実施するというわけです。

もう一つ、4月昇給の理由は、「年度はじめ」という理由もありますし、3月決算の会社が多いことも関係があると考えます。

3月決算ということは事業年度が毎年4月から翌年3月です。事業年度の期初つまり4月に人事異動（特に昇進昇格）が行われますから、定期昇給も4月にするのがスムーズです。

しかし、筆者はこのような3月決算の会社でも7月をおすすめします。**賃金情報を正確にとらえて昇給を行うという重要性は変わらないからです。**もっとも、4月から新しい組織としてスタートする場合、ポストの変更に伴う「昇進（昇格）昇給」「降格減給」は4月実施すべきです。その一方で「定期昇給」や「ベースアップ」は7月に実施すれば良いわけです。

加えて、今後の賃金は今まで以上に上昇ペースが高まります。したがって、4月・5月・6月を外して7月に昇給する意味があります。ピンと来る読者はその付随的なメリットもご推察いただけると思います。

04

「勤続重視ジョブ型」給与 中途採用初任給決定方法

すべては市場価格により決定される

「勤続重視ジョブ型」給与を提案した会社から、賃金表がないと「中途採用初任給の決定が難しいのではないか」と言われることがあります。

しかし、筆者は仮に賃金表があったとしても、中途採用初任給決定は難しいと考えています。賃金表があったとしても事後的に賃金表を単なる「目盛りに当てはめる」だけだからです。また、採用というのは常に「期待ハズレ」という現象がつきまといます。

要するに使ってみないとよくわからない……、これが経営者の本音でしょう。

賃金は労働市場の価格であると申しあげました。

売りたいと思う人の希望価格と買いたいと思う人の希望価格が一致する、それが市場価格です。ですから、49ページの今どきの採用事情での会話の通り、欲しい人材の場合、「前の会社でいくらもらっていたのか？」「いくら欲しいのか？」から探るほかないわけです。

しかし、初任給決定では外部労働市場の価格に従っていると内部労働市場つまり社内バランス・社内の公平性が崩れてしまうことがあります。

ですから、逆転が生じないように特に今後上昇の一途が予想される、在籍の若年労働者やパートの賃金は事前に上げておくほかありません。

35歳までは年功賃金を認める

「勤続重視ジョブ型」給与においても、おおむね35歳くらいまで年功賃金を認めます。

そうすると１２３ページのような「若年者初任給決定マトリクス表」をつくることができます。

「若年者初任給決定マトリクス表」の縦軸には年齢をとります。

横軸には「キャリア」をとります。

このキャリアとは、その人のこれまでに職務経験のことです。

この経験を当社に置き換えると、およそ何年の勤続に該当するかをだいたいで判断して当てはめます。人手が不足している採用の現場では、「良さそうな人物だ。ぜひ採りたい！」と思わせるような候補者が面接にやってきたら、このキャリア軸で「調整」することになります。

この例の「若年者初任給決定マトリクス表」では新卒初任給を21・5万円と設定しています。斜め左上から右下に矢印が引いてありますが、そのラインがこの会社の標準基本給ラインということになります。つまり、矢印の右側で初任給を決定して採用すると、既存の標準的な社員より高くなっていき、内部公平性が崩れるということになります。

「若年者初任給決定マトリクス表」

		キャリア	3,500	3,500	3,500	3,500	3,500	3,500	3,500	3,500	3,500	3,500	3,500	3,500	3,500
		0	1	2	3	4	5	6	7	8	9	10	11	12	13
年齢	22	215,000													
1,500	23	216,500	220,000												
1,500	24	218,000	221,500	225,000											
1,500	25	219,500	223,000	226,500	230,000										
1,500	26	221,000	224,500	228,000	231,500	235,000									
1,500	27	222,500	226,000	229,500	233,000	236,500	240,000								
1,500	28	224,000	227,500	231,000	234,500	238,000	241,500	245,000							
1,500	29	225,500	229,000	232,500	236,000	239,500	243,000	246,500	250,000						
1,500	30	227,000	230,500	234,000	237,500	241,000	244,500	248,000	251,500	255,000			?		
1,500	31	228,500	232,000	235,500	239,000	242,500	246,000	249,500	253,000	256,500	260,000				
1,500	32	230,000	233,500	237,000	240,500	244,000	247,500	251,000	254,500	258,000	261,500	265,000			
1,500	33	231,500	235,000	238,500	242,000	245,500	249,000	252,500	256,000	259,500	263,000	266,500	270,000		
1,500	34	233,000	236,500	240,000	243,500	247,000	250,500	254,000	257,500	261,000	264,500	268,000	271,500	275,000	
1,500	35	234,500	238,000	241,500	245,000	249,500	252,000	255,500	259,000	262,500	266,000	269,500	273,000	276,500	280,000

さて、「若年者初任給決定マトリクス表」の活用方法をみてみます。

たとえば、28歳の若手の候補者が応募してきたとします。

この人が全くの未経験、貴社でいうキャリアが考慮できないとします。そうすると「若年者初任給決定マトリクス表」から、28歳未経験で22万４０００円となります。

しかし、「ぜひとも採用したい」と思うような優秀な人であればどうでしょう。

筆者は杓子定規に考える必要はないと思います。

つまり、無理やり？　キャリアを認めて前職給与（たとえば24万円だっとする）を上回る初任給24万１５００円でもいいと思います。

今、若年者の採用市場ではこのような傾向は極めて強く、どこも有能な若手人材を取り合っています。ルールや表にこだわらない、このくらいの「ダイナミズム」「柔軟さ」は必要となっています。「勤続重視ジョブ型」給与では採用できる初任給提示を最重要視します。それだけ人材の奪いあいとなるからです。

また別の日に30歳の若手の候補者が応募してきました。

この人は大手企業出身で、奥さんの都合で東京から引っ越してきて、地元で転職先を探しているといいます。本人も以前の会社ほどの給与は望んでいません。しかし、あまり低く提示すると間違いなく、他社から内定が出る人材だとします。前職の給与（基本給）は27万円だったとのことです。この人を基本給27万円で採用してしまうと、ほかの社員との内部公平性が崩れます。

一方、内部公平性を重視していてはまず応募がないような、目の前の優秀な人材を逃しそうです。さあ、困りました。このような場合、正解はありません。

一つは25・5万円で提示し、それでダメなら諦めるという考え方があります。

もう一つは、**正直に在籍者とのバランスの関係を説明**します。基本給は26万円（社内の優秀者と同等）にさせてもらうと告げます。

さらに0・5万円は調整手当で加算します。合計26・5万円を提示します。

次の昇給は1年以上勤務した後の昇給月に行うとします。これでギリギリ社内のエースと同等かそれ以下に抑えることができます（1年後に期待どおりの人物であれば調整手当を基本給にふりかえます）。

その上で、ぜひ来てほしいと口説きます。

それでダメなら諦めるほかありません。

40歳以上は時価賃金、能力と職務によって決めるほかありません……

セミナーなどで右記の話をすると、「40歳以上の初任給決定マトリクス表はないのですか？」とご質問をいただくことがあります。40歳以上の初任給マトリクス表はありません。40歳以上の初任給は「人による」としか言いようがないからです。

つまり年齢ではなく、その人の実力・実績・職務・能力・人格を含めてその人が持っている要素で決まります。

30歳と40歳の候補者がやってきました。キャリアは一定とします。どちらを採りたいですか（どちらの市場価値が高いですか）？　ということです。10人のうち10人が30歳と答えます。

35歳と50歳の候補者がやってきました。キャリアは35歳の人は7年程度、50歳の人は10年程度あります。この場合も、ほとんどの方が35歳の人が欲しいと言います。

要するに40歳を超えたら、特別なスキルを有する、役職等の特別な職務を担う人でないかぎり、「若年者初任給決定マトリクス表」の30歳～35歳を見て「人によって」決めるほかないということです。

年齢は関係ありませんが、特に一定のキャリアを積み重ねた40歳以上は「あなたは当社に対してどのような貢献をしてくれるのですか？」の一点だと思います。もし、高い貢献が見込めるなら貴社の「管理職待遇」で迎えればいいだけのことです。

05

「勤続重視ジョブ型」給与諸手当の構成はどうする？

大切なのは基本給、それを補うのが手当

給与決定で最も重要なものは基本給です。

この基本給の決め方は時代によって、業界によって、会社によって変わってきます。ときに年齢的であったり、勤続的であったり、人格で決めるという会社さえあります。もちろん、毎年の評価を反映していきます。昨今、大手企業を中心に広がりつつあるジョブ型給与システムでは従事する職務によって給与を変えていくという試みです。

また、タクシーやトラックドライバーなど、最低保障給はあるものの、歩合制で自らが稼いだ売上粗利によって基本給が決まる職種もあります。

給与決定の核となるのが基本給なのですから、その決定のルールは十分に検討される必要が

あります。特に賃金表や決定ルールが明文化されていない会社の給与制度づくりのお手伝いをする際に、「この基本給は誰がどのように決めていましたか?」とお聞きします。

そうすると、

「前社長（会長）が決めていました。正直思いつきだと思います」

「元専務（番頭さん）が独自のエクセルをつくって決めていました。私（後継社長）はわかりません」

「10年前にコンサルタントを入れて制度設計しました。それをベースに決めていますが、もう修正に修正を重ねたので、何が何だかわからなくなっています……」

「手当が多いほうが求人に有利という会長の意向で、実質的に基本給ですが、手当が乱発されています。退職金が基本給で決まるということが一番かと思いますが……」

というような回答を得ることが多いです。

「勤続重視ジョブ型」給与の基本給の決め方をご紹介してきましたが、まずは貴社の基本給の決め方をしっかりすることが給与制度の一丁目一番地です。そして、その基本給ではカバーできない場合、又は一定の「動き」が必要となる場合、「手当」で補うという発想となります。

必要な手当その① 役職手当

基本給には大きく2種類あります。

「職能給」つまりその人の能力に対して支給する基本給と、「職務給」その人が従事する職務に対して支給する基本給です。日本型賃金システムにおいても基本給は職能給ですが、役職昇進は実力主義です。つまり、その役職に相応しい能力・人格・人望、当事者意識などがある人が役職に昇進することができます。

したがって、この役職手当というのは職務給的な性質を持つと言えます。つまり、ポストにお金が張り付いていて、そのポストについた人は誰でも支給されるものです。「勤続重視ジョブ型」給与で採用する範囲職務給でも、実務職層・監督職層・管理職層の3つのグレードがありました。つまり、この3層の職務という大きなくくりで基本給を決定しています。

しかし、このグレードの上限・下限というくくりだけでは大雑把すぎ、かつ短期的には動きがなさすぎます。よって、メリハリをつけて、役職に昇進したら、その分の給与が増える、降格となったら給与が減るという運用をするためには役職手当が必須です。

再度、B社の範囲職務給を掲載します。

【範囲職務給】

グレード	基本給	
	下限	上限
3	270,000	400,000
2	230,000	300,000
1	195,000	270,000

【グレード定常】

グレード	概　要
管理職層（グレード3）	部門の責任者として高度なマネジメントと専門能力を基礎に、部門業績の責任と部門活性化の責任を負う。
監督職層（グレード2）	部門内の小チームのリーダーとして判断業務を中心に職務を遂行しながら、チームのマネジメント責任を負う。
実務職層（グレード1）	プロとして必要な専門技能を有し、専門分野を確立する業務は定型業務から複雑・非定型業務まで幅広く遂行する。

この基本給に役職手当を加算するということです。まず、必要な手当はグレード3の管理職層の手当です。グレード2の監督職層の手当を設定することも一般的です。イメージは左図のようなものです。

【管理職層】

	課長・部長
	役職手当
Ⅰ	100,000
Ⅱ	110,000
Ⅲ	120,000
Ⅳ	130,000
Ⅴ	140,000
Ⅵ	150,000
Ⅶ	160,000
Ⅷ	170,000
Ⅸ	180,000
Ⅹ	190,000
Ⅺ	200,000

【監督職層】

	係長
	役職手当
Ⅰ	10,000
Ⅱ	15,000
Ⅲ	20,000
Ⅳ	25,000
Ⅴ	30,000

主任
役職手当
5,000

賃金規程に「部長＝10万円、課長＝7万円、係長＝1万円」と記載され、役職によって一律に給与規程が定められていることが一般的です。

しかし、以下の理由でこれは使いにくいのではないかというのが筆者の考えです。

一つの理由は、同じ「課長」といっても、製造部製造一課のように、パートや外国人を含めると50人以上の部下を持っている人もいます。

一方で総務課長のように部下は女性事務員2名という人もいます。

業績責任、部下育成・指導、マネジメント等の管理職としての負荷は製造課長のほうが格段に高いはずです。この2人の課長が同じ役職手当で良いわけはありません。

職務給の原則に大きく外れています。製造課の課長は日本人だからだまっていますが、これが外国人の課長なら収まりがつかないはずです。

同様の発想で監督職層の係長にも軽微ですが、格差をつけています。

一方で主任は一律にしています。多くの中小企業の場合、主任というのは職場のしっかり者、アテになる人だから主任にしよう、という程度で何らかの「特別な職務」が与えられるというわけではないからです。

もう一つ、役職手当を一律の金額にしない理由は、役職降格の影響の緩和です。

その役職に期待されている職責を果たせない場合は役職降格となります。

その場合、当然、今まで課長と呼ばれている人が少なくも監督職層以下に格付けされます。多くの中小企業でこれに悩んでいます。

「その役職に期待された職責を果たせない」ということでバンバン降格すれば、もう役職者のなり手が誰もいなくなります。

中小企業の社長の悩みの核心は役職者らしい役職者がいないことなのです。大手企業なら競争・選抜という考えもあるでしょう。しかし、**中小企業は限られた現有勢力でやりくりせざるを得ないという苦しい台所事情があります。**

したがって、降格は最後の手段にしたく、まずは本人に指導・注意し、改善の機会を与えます。直ちに降格はしないが、役職手当のランクを本人に十分に説明して1～2ランクを下げさせてもらいます。

よくあるパターンが「**仕事はできるが、部下が使えない**」というものです。

営業であれば顧客への深耕力・突破力が高い、製造であれば特別な分野でこの人しかできない技量を持っている、建設の現場監督であれば、きちっと現場の統率をとって結果を出してくる。しかし、部下とのコミュニケーション力、人望、当事者意識、ときに常識がなく問題が多発することがあります。でも、役職降格を機に、この「課長」がモチベーションをガクンと落としてしまうことがあります。最悪の場合、他社へ転職するなどの事態となれば、会社の業績に悪影響が及びます。

問題があって、本人に奮起を促しながらも、役職手当のランクを下げる程度なら、降格の事実は周囲の人にはわかりません。そして、課長のままで、従来の課長としての仕事全般が難しいのなら一部の業務をほかへ任せるなどして、フォローを入れながらなんとかやっていけます。本人のメンツ・プライドを保ちながら、片目をつぶって使っていくということです。

これが、人がいない中小企業の経営の現実なのです。

必要な手当その②　人材獲得のための資格手当・職務手当

「資格手当」は会社の業務に必要な資格を保有し、かつ実際に現場で役に立っている場合に支給します。医療介護関係、建設関係、自動車整備関係等ではとても一般的です。これらの業界では資格者が業務を行ううえで必須だからです。

たとえば、建設関係なら、1級・2級建築士、1級・2級施行管理技士、第一種・二種電気工事士……などです。

きめ細かく設定し、3年に1回程度は見直しをかけます。

一方、資格を要する職種ではない、又は資格の難易度は高くはありませんが、なり手が少ない不人気職種もあります。

主に現業系・エッセンシャルワーカー系の職種です。

筆者は人事給与コンサルタントとして実にさまざまな業種・職種を見聞します。今、この不人気・現業系の会社は人さえいれば仕事はいくらでもある、でも人がいないという深刻な状況に直面しています。加えて、社内の高齢化が著しく、若い人がいないという点も共通しています。

このような職種はちょっとばかり初任給が高い程度ではサッパリ応募がありません。したがって、比較的応募があるホワイトカラー系の職種（営業、事務等）に比して、4万円～5万円程度、高くするための「職務手当」の設定がありえます。

つまり、その職種に従事する場合に支給される手当です。いわゆる職務給です。この職務手当はボーナスの算定基礎にも入れたらどうかと思います。

ホワイトカラー職種と不人気職種が併存する会社は社内異動も促すことができます。

つまり、稼ぎたい場合、現業系・エッセンシャルワーカー系職務への社内異動（転職）をしてもらいます。異動したら、給与が4～5万円以上増額になる、年収が数十万円以上増えるのです。

国が労働移動と※リスキリングということを標榜していますが、まさに現業系の技術技能を身につければ、ＡＩに代替されにくいでしょうから、これからの日本では職に困ることはありません。極めて有効なリスキリングと職種転換です。

特に建設・運輸・医療介護関係などの現業系・エッセンシャルワーカー系は益々人手が足りなくなります。社会活動が正常に行えなくなるレベルの人手不足が想定されています。このような人材を確保するために、資格手当・職務手当の設定・増額は今後の賃金管理にとって重要な要素になるはずです。

> ※リスキリング＝新たな分野の職務の新しいスキルを習得すること。海外で成功事例があり、労働移動とセットで議論される。日本ではあまり浸透していない。

必要な手当その③　中小企業にとっては「必要悪」　専門職手当

一般的には専門職制度というのは、Ｐ78に示した通り、「高度な専門能力を有し、専門領域での業務を遂行し、管理職と同等又はそれ以上の組織貢献を果たす人」を厚遇する制度です。市場価値が高く、真のプロフェッショナルな専門職をイメージしています。先の例では専門職層にはやや高めの範囲職務給（基本給）を設定するということを申しあげました。このような専門職とはたとえば、建設業の有資格者（現場監督）、ドラッグストアの薬剤師、販売会社のＤＸ・システムに強いＷＥＢマーケティング担当などです。

ここでいう「専門職」は若干異なります。たとえば、以下のような人を指しています。

（ア）特定の業務に精通している人。この人しかできない仕事を任せているので、退職されたら困る人。

（イ）仕事はできるが管理職には不適格な人。過去に一度管理職に昇進させたが総スカンをくらった人。仕事は一定程度でき、社内に影響力はある。

（ウ）役職定年後の元・管理職

中小企業には（ア）のような特定の業務に精通している人でこの人しかできない仕事を任せているという人が存在します。

たとえば、筆者が見聞した例では、Ｘ営業販売会社です。

大口得意先があって、その得意先とのパイプがとても強い個性的な営業マンがいます。

この人は部下を一切育てることができません。ですので、引き継ぎということは全くなされず（↑これはこれで問題です）、その人に頼らざるを得ないことがあります。

次に製造会社Ｙです。社員が１００名程度の製造会社に設備メンテナンスや営繕の仕事をする人が１人はいます。この人は何か機械・設備・治具に不具合が出ると器用に直してしまいます。つまり、仕事が単独・特異すぎて、この会社のキャリアパスがそれ以上ないのです。

管理職に昇進しても部下はいません。でも、代わりがいないのでこの人に辞められるととても困ってしまいます。

（イ）の人は説明不要かと思います。管理職としては不適格だったが、仕事はできます。上手に適材適所で特定の業務を任せ、上手に使っていくほかない人です。ある技術・技能には精通していることが多く、ヘソを曲げると仕事がやりにくい人と言えます。

（ウ）の元・管理職についても同様です。基本的に能力も高く、人柄も良い方ですので、あまり冷遇したくありません。過去の功労もあります。よく理事、参事、参与など字面だけを見ると意味不明な職位がありますが、元・管理職としての貢献のあった方についての職位呼称と言えます。

このような人たちに辞められないように、また士気の低下を抑えるために「専門職手当」のような性質の手当で給与を底上げします。

読者のなかには「これって専門職とは言えないではないか！」という反論をお持ちの方もあるはずです。だから、「必要悪」なのです。本来の趣旨とは違う、よくないとわかっていても、大人の事情でなくすと不具合が出るということです。「なんちゃって専門職」と言ってもいいでしょう。

「あなたは管理職でなければ◯◯や××の役割を期待している。部門間、上司・後輩・同僚と円滑にコミュニケーションをとってしっかりと頑張ってほしい。管理職と同等とまではいかないが、それなりに専門職手当で厚遇するからね」と言わざるを得ないのです。

専門職手当がなくとも、課長の仕事をしていない、部下がいない方に支給している役職手当も実質的にはこの「専門職手当」を支給しているといって良いのです。

筆者は、この「なんちゃって専門職」は、真の専門職を育成する仕組みがない故の、日本型賃金システムが産んだ負の遺物のような気がしてなりません。

必要な手当その④　意外と使える？　定額残業手当（定額残業手当＝〝ブラック企業の証〟なのか？）

もう、10年以上前の話ですが、某居酒屋チェーンの初任給が有名な金融機関よりも高いということで話題になりました。そのカラクリは低い基本給に大きな固定残業手当を設定していたというのです。そのような初任給の総額の見栄えを繕うために、固定残業手当の中身も過労死基準の残業時間である月間80時間以上に設定していた会社も少なからずあったのです。

初任給20万円のA社と初任給26万円のB会社があったとします。しかし、よくその内訳を見ると以下のようになっていました。

A社　初任給20万円の会社　基本給20万円＋別途残業代

B社　初任給26万円の会社　基本給16万３５００円＋定額残業手当９・65万円＋別途超過残業代　（所定労働時間１７０時間と仮定、定額残業手当は月間80時間分の残業代）

初任給26万円の内訳は過労死基準の残業代を含んでの金額というわけです。

このような過大な残業代設定は今もう見られなくなりましたが、当初「ブラック企業」という言葉もあいまって、「定額残業手当＝ブラック企業の証」という印象が多くの人に刻まれてしまいました。月間80時間を超えないと残業代がもらえないので、実質「ただ働き」と非難されたのです。

昨今の労務事情において、上記のような設定や見せ方は論外だと思います。

しかし、**定額残業手当そのものがブラック企業の象徴なのでしょうか。筆者は活用方法によってはそうではないと考えます。**設定の実態からすれば、残業代の最低保障額が確保されるのですから、必ずしも労働者に不利だと言えないのです。たとえば、以下の2つの会社があったします。ともに初任給20万円の2社です。

C社　初任給20万円の会社　基本給20万円＋別途残業代
D社　初任給20万円の会社　基本給20万円＋定額残業手当3万円＋別途超過残業代
（所定労働時間170時間と仮定、定額残業手当は月間20時間分の残業代）

C社もD社の同一基本給です。ともに法違反となるような過度な長時間労働はないとします。C社に比べて、定額残業手当を設定しているD社はブラックなのでしょうか。

逆に、D社は残業をしなくとも一定の残業代がもらえるのですからD社の待遇のほうがいいと言えます。

「定額残業手当＝ブラック企業」となってしまったのは、低い基本給に過大な残業代を設定し、安く人を使おうと会社が意図したことが要因なのです。したがって、意図や目的さえ間違わなければ固定残業手当はブラックの象徴とは言えないはずです。

（定額残業手当の設定事例　(1)ロスタイム管理の負担を軽減する）

定額残業手当の活用事例を説明するためにE社を取り上げます。

E社は始業9時00分　終業17時45分（休憩60分）の会社です。

つまり、所定労働時間は実働7時間45分です。

E社は社員が残業をするときに必ず17時45分から18時00分までの15分間を休憩として取り扱っています。

つまり、残業のカウントは18時00分から行っています。

しかし、現場では残業をするときに17時45分から18時00分の間、休憩するのでしょうか。実務的にそれは微妙な話だと思います。筆者の見立てではこのような場合、タバコを吸う人は休憩をその機会にとるかもしれませんが、そうでない人は休憩をとらずに残業をするのではないかと考えています。特に18時30分まで残業するなどの許可を得て、残業をする人はこのような15分間の休憩などとらずにサッサと仕上げて帰りたいと思うのが普通です。

そうすると、17時45分から18時00分の15分間が未払い残業代となってしまい問題となります。

また、別の観点からF社を取り上げます。

F社も同様に始業9時00分　終業17時45分（休憩60分）の会社であっとします。

F社の特徴は15分単位で残業代を計算していていることです。たとえば、ある社員について17時56分という終業時刻の打刻があったとします。

この場合、15分以内の11分（56分―45分）は切り捨てるのです。

しかし、残業代の計算は1分残業をしていたら1分払うことが原則です。実際に残業許可はないものの、この11分残業をしていて、上司が黙認していたらこの15分以内の11分も未払い残業代となってしまう可能性が高いです。

このように「1分単位の残業代」は多くの会社で問題になりえます。

そこで、E社もF社も1日15分の定額残業手当を設定するとこの問題は解決します。月間平均所定労働日数は20日であったとすると、15分×20日＝３００分（5時間）分です。つまり、月間5時間分の定額残業手当を設定し、18時00分以降は残業をやったら、それをカウントし1分単位で支払うのです。この17時45分～18時00分の「ロスタイム」のような時間はそれが残業なのか、そうでないのかを不問にして運用します。

ベースアップが叫ばれている昨今、このような細かい疑義を解消するために、定額残業手当で総額を増額するという方法もありえるのではないかと考えています。これはブラック企業ではなく、1分単位の残業代の適正支給にこだわる「ホワイト企業」の発想なのです。

（定額残業手当の設定事例　⑵給与を底上げしたい裁量性のある職務につける）

定額残業手当が登場するもう一つの場面をご紹介します。

それは端的に「給与総額の底上げ目的」です。日本はジョブ型給与ではないので、職種毎に給与相場が欧米ほどに形成されていません。しかし、確実に市場価格の高い職種というのがあります。一定の専門技術的な職務です。このような場合、「職務手当」をつければ良いではないか？　と思われるかもしれませんが、実は明らかに専門的レベルが高い、市場価格が高い場合でないと意外と「職務手当」はつけづらいのです。

製薬会社で働く製造現業職は職務手当がない、研究開発に従事する薬剤師には職務手当がある、鍛造の製造会社において、本社事務所で働く事務員は職務手当がない、エアコンが効かない過酷で危険な職場で働く鍛造工は職務手当がある、これに異存は誰もないでしょう。

一方、経理職、労務職、マーケティング職の3つがあったとします。

どれも専門的技術的な職務でしょう。

たとえば、マーケティング職だけに職務手当をつけるというのはやりにくい。なぜ、経理職にはつかないかについてなかなか説明がつかないからです。

ところが、マーケティング職でかつＷＥＢ・ＳＮＳを使ったマーケティングの技術を身につけると途端に市場価値が上がるとします。この技術は5年以上経験を積めば身につけることができるとしたら、ちょうど30歳前後の転職しがちな層の流出となります。

こういった場合、平均の残業が20時間～25時間程度であっても、裁量性があるとして、「裁量手当」という名の固定残業手当（たとえば月間40時間分）を設定して、総額を底上げするなどがありえます。

また、先に〝必要悪の〟専門職手当というものをご紹介しました。

先の事例で専門職手当を設定すると、実は残業をすると残業代がかさみ、管理職の給与を大きく上回ることが起こります。**一般的に中小企業の専門職は「管理職になれなかった人のポジション」であることが多い。**

また、管理職以上に専門職の給与を上げると、みんな負荷の高い管理職より、マイペースでやれる専門職になりたい、と言い始めます。ですから、管理職を上回る給与は出しにくいのです。

そこで、このような「なんちゃって専門職」に「裁量手当」という名の「固定残業手当」などをつけることがありえます。

基本給が30万円の「なんちゃって専門職」がいます。専門職手当（所定内賃金）を5万円支給するとします。固定給（基準内賃金）は月額35万円です。月間平均所定労働時間１７０時間で実際の残業時間が40時間としたら、これに残業代が加算されて、この社員の給与総額は45万円を超えてきます。こうなると、課長になれなかった人の給与が一部の課長をグンと超えてくるかもしれません。

そこで基本給30万円に月間45時間の固定残業手当の性質の裁量手当10万円を支給するとします。総額は基本給30万円＋固定残業手当10万円＝合計40万円です。そうすると、残業を月間45時間したとしても総額給与は40万円以内におさまります。これによって管理職とのバランスを保つことができるのです。

どうする？　こうする！　家族手当・住宅手当

（家族手当は存続するべきか、廃止すべきか）

筆者の20年以上の指導経験では、家族手当を給与制度の見直しの際に完全に廃止するという会社は極めて少なかったです。ここ数年の傾向として、配偶者手当は廃止するが、子ども手当を拡充するという見直しは少なからず見られた程度です。

たとえば、

【見直し前】
配偶者　１万円　　子ども　１人　５０００円
【見直し後】
配偶者　無し　　子ども　１人　１万円

といった感じです。

上記のような見直しを行った会社は配偶者手当については時代にそぐわないが、子どもがいるとお金がかかるだろうから、家族手当は子どもに対する手当として必要だという考えがあります。これは先に述べたような日本型賃金システムの根本発想です。

昨今、公務員もこの趣旨で改革が行われました。

一方、賃金というのは会社に対する貢献度に対する公平な分配なので、家族の有無・人数によって賃金を支給するのはおかしい、よって、家族手当を廃止するとした会社もありました。いろいろな社長のお考えをお聞きし、存続論・廃止論、どちらのお考えも正しいと思います。

筆者は「家族手当は存続すべき」又は「家族手当は廃止すべき」という一方に偏った提案をこの20年の間、一度も行ったことがないのです。それは給与を支払う社長の価値観の問題だからです。

加えて、中小企業の家族手当には別の重要な役割がありました。

それは家族を持ったときに低い給与水準を底上げする目的です。日本型賃金システムは「低い初任給＋低い昇給」で若い頃は貢献と賃金に比して低い賃金で過ごすことになります。それを少しでも解消するために、家族手当として万単位でグンと引き上げることは理に適っているのです。

今でも中小企業においては男性で、「結婚したから辞めます」という人がたくさんいます。いわゆる「結婚退職」です。女性が言うのではありません。給与が理由で申し出るのは決まって男性です。

つまり、このままの給与なら結婚し、子どもを養っていけないので、まだ若い間に転職しますということです。昨今は奥さんが強く「あなた、そんな低い給与なら辞めたら？」と神の声として、お告げになる例も多いです。

社歴の短い会社は家族手当がない会社が多いです。もちろん、このような会社において家族手当を新たにつくる必要はありません。しかし、35歳未満での給与相場がしっかりと形成されているか、社員に給与を上げていく道筋が見えているかは検証しておくべきです。

ちなみに、昨今、家族手当がない会社で家族手当を新たに創設しよう、又は家族手当を廃止した会社で再度復活させようとした会社はほとんどなかったと言っていいと思います。

「勤続重視ジョブ型」給与時代の家族手当のあり方は、大きく変わっていくとこは間違いありません。家族手当というのは日本型賃金システムの重要な構成要素の一つです。

すでに申しあげた通り、日本型賃金システムの特徴とは、終身雇用・年功賃金・生活保障、属人主義でした。さらに、この日本型賃金システムが崩壊すると第1章で申しあげました。

ゆえに必然的に家族手当の存在意義はなくなっていくはずです。政府でさえ「配偶者手当は廃止しましょう」と号令をかけているのはご存知の通りです。

そして、その原資は、もっと「稼ぎ」や「働き」、「職務」に応じて支払うことができる手当や業績給を払うという流れが起こることはほぼ間違いありません。私たちは日本型賃金システムが崩壊する調整過程にいます。家族手当はそれほど大きな額ではないので経営者もやり過ごしているのが現状です。しかし、今後、給与制度を大きく変えたいと考える際には見過ごすことができないテーマになっていくと考えます。

住宅手当は存続すべきか？　廃止すべきか？

昨今、新卒の採用面接での定番の2つの質問は「御社の教育制度はどうなっていますか？」「住宅手当はありますか？」です。

特に住宅手当の有無、独身寮の有無、社宅制度の有無は採用で重要な決定基準になっていると思われます。

特に大手と比べ、初任給を含めて福利厚生も見劣りする中小企業はその必要性を強くお感じになる方も多いと思われます。

大手には独身寮のような自社所有の社宅があることが多いですが、中小企業にはありません。ですので、独身寮のかわりとして、借上社宅制度を設ける会社があります。

借上社宅制度とは、会社が賃貸マンションのオーナーと直接契約して社宅として取り扱う制度です。家賃は会社から直接オーナーに支払います。この処理だけだと所得税・社会保険料などの現物課税の問題が生じます。そこで、会社は社員からの家賃（の一部）を社員から徴収することになります。

具体的にはたとえば家賃が月６万円だったとします。会社が契約するマンションですから、当然会社がオーナーに６万円を毎月支払います。

本人への家賃として仮に月額３万円を本人から毎月給与天引きで徴収するとします。

会社は家賃６万円－社員からの徴収分３万円＝３万円について社員の住宅費用として負担していることになります。これは会社の福利厚生費です。

そうではなく、住宅手当として３万円支給することもありえます。

この場合、給与扱いとなります。ここから税金や社会保険料をとられますから、会社・社員にとって借上社宅制度は一定のメリットがあると言えます。

もっとも、独身寮の代替ですから、結婚したり、独身であっても一定の勤務年数・年齢になればこの制度の適用無しとするのが一般的です。

つまり、借上社宅にしても住宅手当としても若年者の採用の魅力づくりとしては効果があるということです。

一方、それ以外の社員に支給する住宅手当は先の家族手当の廃止・縮小の方向と同様になしにしていく方向になるのではないかと考えています。貢献度分配という賃金の原則に反すること、支給決定基準が難しく、不公平感が多いことがあります。

「全員一律1万円」とか、「世帯主であり、扶養家族を有する人に1万円」を「住宅手当」として支給する会社は多くあります。住宅手当の支給要件のチェックと運用は意外とめんどうだからです。持ち家か賃貸住宅か、ローンの有無など一々チェックなどめんどうになります。

これは家族手当も同様で、規程には「扶養家族」という要件はあるのですが、いつのまにか結婚したら支給される手当にすり替わっていたりします。**中小企業は運用で少しでも手間のかかるものは形骸化するのです。**

「全員一律1万円の「住宅手当」は実質「基本給」ですし、「世帯主であり、扶養家族を有する人への「住宅手当」はは実質「家族手当」でしょう。そうであれば、基本給や家族手当に統合することがありえるのではないかと思います。今後は特に「基本給」を上げる圧力が高まるものと考えています。

コラム

「精皆勤手当」はやめなさい 最低賃金に算入されない賃金

最低賃金が毎年上昇の一途をたどっています。「最低賃金は２０３０年代半ばまでに１５００円に」（新しい資本主義実現会議　２０２３年８月31日）ということを日本の総理大臣が言っています。１５００円となれば最低月給は25万円程度以上になります。これからは企業業績が上がらないなか、官製昇給である最低賃金上昇との戦いになります。

この最低賃金とはどのような賃金が一定以上あれば良いと考えるのでしょうか。

厚生労働省は「最低賃金の対象となる賃金」として以下のような基準を示しています。

> 最低賃金の対象となる賃金は、毎月支払われる基本的な賃金です。具体的には、実際に支払われる賃金から次の賃金を除外したものが最低賃金の対象となります。
>
> （1）臨時に支払われる賃金（結婚手当など）
> （2）1ヵ月を超える期間毎に支払われる賃金（賞与など）
> （3）所定労働時間を超える時間の労働に対して支払われる賃金（時間外割増賃金など）
> （4）所定労働日以外の日の労働に対して支払われる賃金（休日割増賃金など）

（5）午後10時から午前5時までの間の労働に対して支払われる賃金のうち、通常の労働時間の賃金の計算額を超える部分（深夜割増賃金など）

（6）精皆勤手当、通勤手当及び家族手当

上記の観点から、最低賃金を上げるのに困窮する中小企業は「精皆勤手当、通勤手当及び家族手当」で支給していると最低賃金の対象となる賃金とは認められないのですから、ほかの基本給等をさらにアップさせる必要があります。

筆者は「通勤手当」や「家族手当」を直ちにやめましょう、とは指導していませんが、**「精皆勤手当」については廃止を推奨しています。**特にパートタイマーは「精皆勤手当」を廃止して時給に上乗せすべきでしょう。

コラム

外資の大手半導体メーカーがやって来たらどうしよう……

２０２２年に世界一の半導体メーカーＴＳＭＣ（台湾）が熊本県にやってきました。初任給は28万円です。熊本県庁の初任給は当時18万７０００円でした。地元の中小企業は随分困りました。

ただでさえ人手不足なのに若手を中心に人材を高額で引き抜かれたからです。

筆者のクライアントにも熊本県の製造業があります。とても困っておられます。加えて、他府県の地方の中小製造業でも外資の半導体工場が来たらどうしよう？　という不安の声が上がっています。

外資や大手資本がドカンと工場や大型商業施設を建てて、人材を高待遇で募集します。結果、近隣の時間給が一気に上がると同時に、人手不足が加速することが多いのです。

日本型賃金システムは本書で述べたように、年功賃金で将来に向けて徐々に上がっていくものでした。しかし、グローバルスタンダードは職務給ですから「長期で精算」という考えはなく、今の実力・時価に沿って初任給をドカンと提示してきます。

日本の賃金は安いので、日本の若い人材が外資にドンドン買い叩かれる日はそう遠くはないかもしれません。

それを少しでも阻止するためには速やかに、市場価格に対応すべく柔軟性をもった「勤続重視型ジョブ型」給与に移行していく、又はある職務に限った「限定的ジョブ型」給与に移行することが必要なのです。

「限定的ジョブ型」給与とは、社内すべてをジョブ型給与にするのではなく、ある一定の職務に限定的に導入します。半導体やＩＴ・ＡＩ技術者などグローバルな労働市場で取り合っているような職種には日本型など悠長なことは言っておれず、問答無用で取り入れていくべきものです。

第4章

賃金管理の新常識
〜上がることもあれば下がることもある？

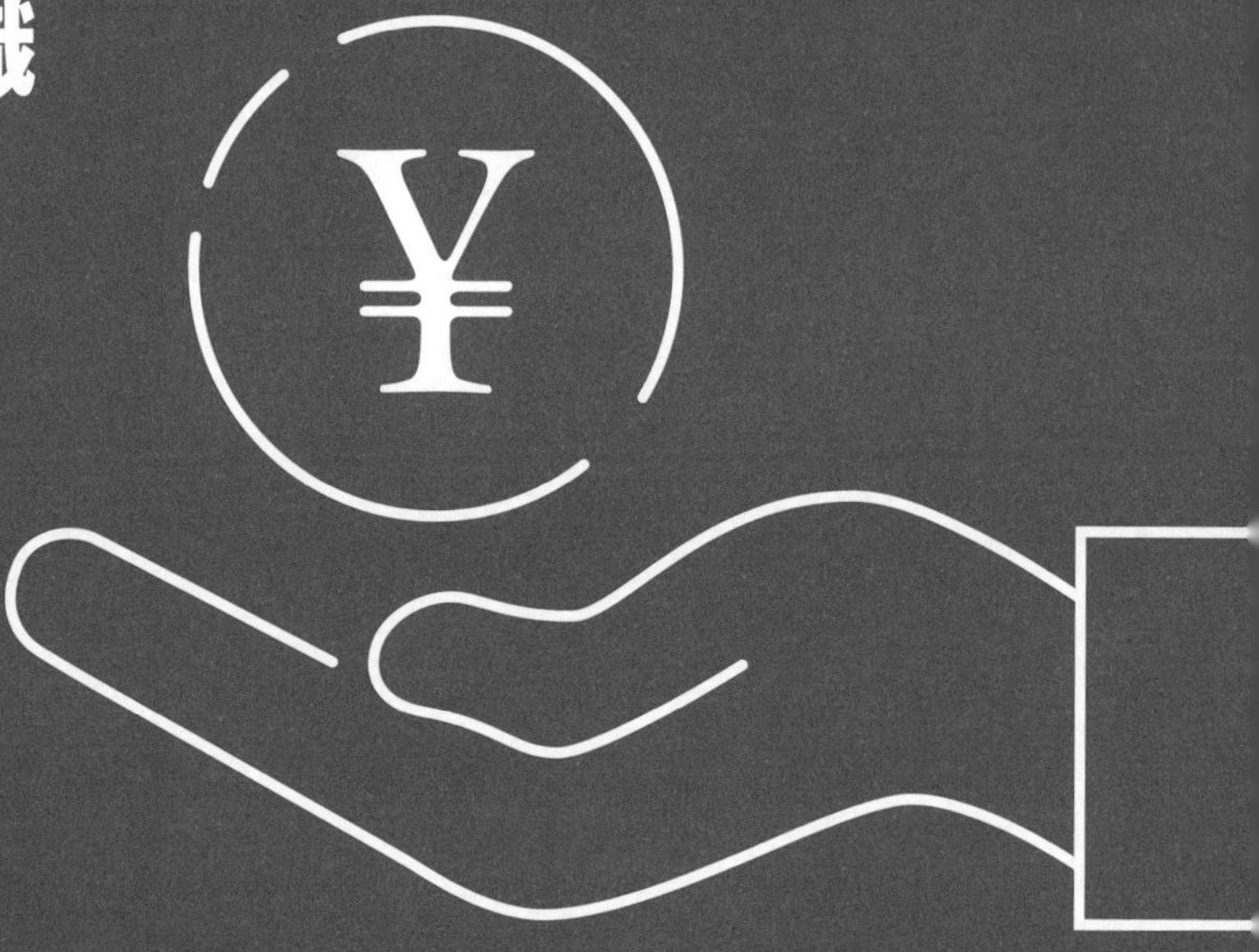

01 日本型賃金システムの問題 賃金減額が難しい

職能給（能力給）、一度身についた能力は下がらない？

日本における代表的な職能資格制度は一度身についた能力は落ちることはない、という前提に立っています。したがって、職能資格制度やその亜流の制度ではそもそも資格等級の降格やそれに伴う減給は制度として機能していない場合が極めて多いです。

筆者は日々多彩な賃金制度を見る立場にありますが、資格等級の降格や降給の定めがあったとしても、極めて抽象的で実効性が乏しいものと判断しています。お聞きすると「当社は資格等級の降格は実際にやったことがありません」とおっしゃいます。

ただし、年収ベースで下げないのかというとそうでもなく、能力・成果の評価は賞与や昇給の程度で行っています。逆に基本給（職能給）で構成された賃金を下げるという意識さえお持ちではありません。

しかし、現実に給与明細の海を泳ぎながら、労務の現場に身をおいている立場からすると、昨今の経営に合わなくなってきており、問題が表面化してきています。

具体的には、能力・意欲不足の社員の賃金を下げられないことです。

特に40代から50代の社員で明らかに能力・意欲の減退が見られる社員がいます。まるでマラソンの途中であるにもかかわらず、走りきったランナーのように座り込んでしまうイメージです。

このような社員を少なくとも65歳まで雇用を守っていくことを義務付けられる企業は大変な負担となります。

次に問題行動を起こす社員の賃金を下げられないことです。ご存知の通り、解雇というのは法的に厳格に規制されています。それなら賃金くらい……ということにもならず、賃金減額は解雇よりも法的に難しい局面があります。

さらに、若手の上司より、ベテランの部下の賃金が高い（残業で賃金が逆転する）ことが頻繁に起こります。年功序列的な賃金が変動性・柔軟性を欠いている弊害とも言えます。また、昨今のメンタルヘルスを含めた健康問題が多発しています。休職等から復帰した社員はまるで以前とは別人のようで、健康時に発揮していたパフォーマンス通りに働くことができません。しかし、正社員としての契約上の賃金は原則として下げることができないのです。

賃金減額には大きく3種類ある

賃金減額を語るときに、その減額の性質を整理しておく必要があります。賃金減額には大きく3種類あります。

「降職による減額」、「降格による減額」、そして「懲戒処分による減額」です。

まず、「降職による減額」です。

「降職」とは役職から外れるということです。「降職」を含めて「降格」と表現することはありますが、本書では便宜上、この場合は「降職」といいます。

たとえば、課長から外れてヒラになる、又はワンランク下位の係長になることもあります。

この降職はもともと会社に認められている人事権です。

つまり、誰を課長に昇進させるか、またダメな場合は降職させるかは会社経営の裁量の範囲ということです。その昇進又は降職の結果として、その役職や等級と直結した手当などの増額・減額も可能という理屈になります。

もっとも、会社にそのような権利があるとしても、法律は「権利の濫用」として一定の制限を設けることがあります。具体的には、会社が業務上、その降職をする必要があったのか、その降職となった理由は本当に本人のせいなのか、仮に会社の必要性もあり、本人の責任でもあったとしても、賃金の減額幅が大きすぎてあまりにも本人の不利益ではないか、などが判断要素となります。

次に「降格による減額」です。

職能等級制度や役割等級制度などの何等かの「等級制度」が存在することが前提になります。仕事や役割を変えずに、評価によって等級が引き下げられることによる減額です。

それは「降職による減額」と異なり、会社が定める「根拠」が必要となります。

この「根拠」は就業規則や賃金規程上に明記された、客観的かつ具体的な根拠です。さらに単に根拠規程が存在するだけではダメで、その制度の内容が合理的で、その評価の決定過程を含めて運用も適切でなくてはならないのです。中小企業においては前述の「降職による減額」

は当然にやっておられます。しかし、この「降格による減給」を実行するとなると、かなり法的に怪しくなるのです。制度面や運用面で「合理性」が求められると、多くはアウトとなる印象を持っています。

等級などないという中小企業も多いと思います。

仮に等級制度がなくとも、以下のようなルールで減給を行う場合も同様です。

上位からＳ評価：７０００円、Ａ評価：５０００円、Ｂ評価：３０００円、Ｃ評価：０円、Ｄ評価：▲２０００円などというルールです。

つまり、賃金規程に明確な根拠があり、その評価プロセスを含めて合理的であることが必要であることは同様です。

社長が「あいつは給与分働いていない」「決められた手順を守らず不良を今期2回出した」「やる気のない問題社員だ」というだけで、合理的なルール、つまり減額する根拠やその運用実態もなく、さじ加減で「Ｄ評価：▲２０００円」と決めるのは論外だということです。

要するに「降職による減給」に比して、制度面と運用面の難易度がグンと上がるのがこの「降格による減額」ということだけは覚えておいてください。

最後に「懲戒による減額」です。

これは労基法91条の制約を受ける懲戒処分としての減給です。

懲戒処分であったとしても、その額があまりにも多額であると生活ができなくなる可能性があります。そのため労基法はいわゆる減給の制裁の限度を定めているのです。具体的には「減給は、1回の額が平均賃金の1日分の半額を超え、総額が一賃金支払期における賃金の総額の10分の1を超えてはならない」とされています。要するに一賃金支払期（1ヵ月間）に何度も懲戒処分となっても、その合計が賃金の10分の1を超えてはいけないのです。ですので、実務上の能力成果に比して、給与が高いので給与を下げたいというニーズを満たすものではありません。この「懲戒による減額」は実務ではさほど使いませんので、あくまで混同がないように参考程度にご説明を申しあげました。

賃金を上げるために下げる仕組みが必要

日本の賃金が上がらないのは「賃金を上げたら、下げられないから」だと思います。

ダイナミズムがないのです。

しかるべき人に賃金を上げるために、賃金を下げる仕組みを模索していく時期に来ていると感じます。しかし、上記のような制約もあり、筆者も労務の現場では困ることが多いです。

「降職による減給」は特に賃金規程上の根拠は不要であると申しあげました。問題は「降格による減給」です。「降格による減給」は賃金を下げることができる法的根拠が必要です。

労働契約は契約です。契約で賃金が決まっているので、会社が約束した金額を一方的に下げることはできません。会社としては、能力が低い、成果が出ていない、メンタル不調で正常に仕事をしてもらえないという事実こそ、約束違反だと考えるはずです。それなら、賃金は下げてもいいではないかということです。しかし、賃金も高度の必要性に基づいた合理性という、つまり、「余程の理由」か、予め契約で決めた理由がなければ認めてもらえないのです。

つまり、就業規則・賃金規程の内容が契約の内容になるため、賃金規程の中に「●●●の場合は賃金を下げることがある」旨の根拠規程があれば、仮に本人が拒否したとしても理論的には減額が可能となります。

もっとも、使用者の気分で無制限に下げられたら労働者もたまったものではありません。法律では「降格による減給」については厳格に審査することになります。「降格による減給」こそ、「権利の濫用」という概念で賃金減額を無効とし、しっかりと歯止めをかけることになります。

中小企業で賃金減額の制度設計と運用はとても難しい

右記の通り、賃金規程に下げる仕組みがあって、その通り運用されていれば給与は引き下げることができます。後は「権利の濫用」に当たるかどうかが審査されるのみです。この審査の内容は降格減給の理由となる人事考課の適正な評価をされたのかです。具体的には、適正な制度設計、人事考課者に対する考課者訓練、降格者に対する苦情処理の適正な運用などが求められると言われています。とてもハードルが高いように見えます。

よくある中小企業の事例を取り上げます。H社の賃金規程です。賃金規程に一生懸命記載している部類だと思います。

（給与改定）

第●条　(1) 会社は、従業員の賃金について、毎年●月の給与締日の翌日をもって、前年度における本人の実績及び勤務成績等、会社の業績・資金繰り、今後の経営環境等を勘案して改定することがある。

(2) 改定に当たっては昇給、降給を行う又は改定を行わないものとするが、昇給額又は降給額は、会社の業績及び今後の経営環境等を勘案し従業員の実績及び勤務成績等を考慮して各人毎に決定する。特に会社が定期若しくは随時に行う直近の人事評価等において、相対評価（上位SからA、B、C、Dの5段階）がC若しくはDの者については降給することがある。

Ｈ社は人事評価をしていて、上位ＳＡＢＣＤが決定されているようです。しかし、賃金表などはないとします。また、人事評価表は一応あるものの参考程度です。役員会で、議論して相対評価で調整してＳＡＢＣＤを決めています。

要するに、会社の役員がＣやＤを相対評価でつけたら下がるのだなということがわかる程度で、ＣやＤがついたらいくら下がるのか、ＳＡＢＣＤの相違は何なのかはサッパリわかりません。どうなったら、いくら下がるのかを明確に根拠づけようとしたら、①降格・減給の要件が相応に具体的であること、②賃金表が公開されており、賃金、等級、評価が連動していることが明確であること、③降格降給の理由があること、③不利益の程度を配慮していること、などが必要なのです。

しかし、多くの中小企業では評価が具体的にどうなったら上がるのか？　昇格するのか？　逆にどうなったら下がるのか、降格するのか？　が明確ではありません。よって、一般的な中小企業の制度内容や運用では、法的に認められる賃金の減額は果たしてできるのでしょうか。

こんな減給規程なら認められそうだが、中小企業では運用できない

「降格による減額」の規程として以下のような場合はなんとか認められそうです。74ページの賃金表を若干修正して記載します。

◆基本給表（社員用）

名前	1等級	2等級	3等級	4等級	5等級	6等級	7等級
1	170,000	186,000	210,000	230,000	272,000	300,000	380,000
2	171,000	187,000	211,500	231,500	274,000	303,000	383,000
	—	—	—	—	—	—	—
	—	—	—	—	—	—	—
24	193,000	209,000	244,500	264,500	318,000	369,000	449,000
25	194,000	210,000	246,000	266,000	320,000	372,000	452,000
26	194,500	210,500	247,000	267,500	322,000	375,000	455,000
27	195,000	211,000	248,000	269,000	324,000	378,000	458,000
28	195,500	211,500	249,000	270,500	326,000	381,000	461,000
29	196,000	212,000	250,000	272,000	328,000	384,000	464,000
30	196,500	212,500	251,000	273,500	333,000	387,000	467,250
31	197,000	—	—	274,500	331,500	388,500	468,500
	—	—	—	—	—	—	—
	—	—	—	—	—	—	—
49	206,000	222,000	270,000	292,500	358,500	415,500	495,500
50	206,500	222,500	271,000	293,500	360,000	417,000	497,000

年間評価　A以上が3回連続で昇格
年間評価　B以上が4回連続で昇格

年間評価　Dが2回連続で降格
　　　　　Eがつけば降格

◆基本給改定基準

評価ランク	昇給号数
S	＋6
A	＋4
B	＋3
C	＋2
D	±0
E	−1

要するに、

①　賃金表がある。

②　人事評価表・個人目標等の基準があって、点数制になっている。

③　点数により●点～●点がS　●点～●点がA評価等、基準と評定が明確になっている。

④　評定SABCDと減給との関係が明確である。

⑤　降格の場合、●回連続●評価以下の評価の場合、降格などと明確になっている。

⑥　減給を行う場合、減給の理由を書面にて従業員に伝え、たとえば、当該従業員は14日以内に書面で不服申立を行うことができるなど異議申立・意見を述べる機会がある。

⑦　一度の減給は基準内賃金の10％を限度としているなど、社員の不利益に配慮している。

降格や減給のルールだけ明確で、昇進、昇格、昇給のルールは明記しないというわけにはいきません。この場合、「上がる」「昇給」「昇格」の方も上記と同様な要件を明記することになろうかと思います。

読者の皆さんもお感じの通り、「めんどうだ」、「なんか窮屈だ」とお思いになったことでしょう。万人規模の大手企業なら具体的・客観的ルールは必要でしょうが、中小企業でこのような制度は違和感があります。筆者も20年以上、人事給与のコンサルタントをやっていて数百社のご相談にのっていますが、上記のような減給制度、降格制度が仮にあったとしても、運用されている会社はほとんど見たことがありません。中小企業の実情からすればまず無理だと思います。

02 「勤続重視ジョブ型」給与の降格・減給の考え方

降職・降格・ジョブグレード変更

「降職による減給」がなぜ認められやすいかというと、役職への昇進・降職は会社の人事権であり、役職の変更に伴って、役職相当分の賃金が減額になるにすぎないからです。要するに課長から降職になると課長の手当がなくなるのは当然なのです。

下げられる方も職務が軽減されるのですから、納得もしやすいと言えます。ですから、人事部や専門の担当者がいない中小企業の運用はこれを前提に考えるべきです。

「降格による減給」がなぜ認められにくいかというと、役職も職務も何も変わらないにもかかわらず、その人の能力・成果を評価して、一度決めた（約束した）給与を下げる行為だからです。日本では人に給与がついている職能給が主流だと申しあげてきました。日本全国、ありとあらゆる業種の賃金制度を見てきましたが、〝職務〟等級制、〝役割〟等級制と言いながら、純粋な職務等級、役割等級はありませんでした。

それは名前だけの話で、その実質は人の能力・人格で給与が決まっているのです。

社会システムとしてジョブ型ではないので、職務等級制（ジョブ型）は形骸化するのは当たり前です。

その結果、人の能力・成果を評価することになりますが、能力・成果の評価など曖昧です。

評価する方と評価される方の認識が常にずれる、ということが起こります。

成果主義が失敗したのは、単なる目に見える（ときにその個人だけに責任を追わせるのは酷な）業績数値・目標達成だけを成果として評価することが、大きな不公平・不満を招いてしまったからです。

人は、他者からの客観的な評価より自己評価は3割増しです。

この評価の客観性・納得性を担保すべく、多くの時間と労力とお金が費やされます。

でも、そんな誰もが納得する、客観的な評価制度（特に降格や減給の場面）をつくるなど不可能です。特に92ページにあるような9等級もあって、たとえば、4等級から3等級への降格など、どう根拠付けるのか不明で、事実上不可能だろうと思います。

そこで、人事評価でごちゃごちゃしない、降職と降格の中間程度の「ジョブグレード変更」

というものを考えてみたいと思います。

イメージは①降職と②降格の中間に位置します。

ただし、「降職による減給」にグンと寄せて整理していかないと運用が難しいので、原則として②降格というより、①降職（つまり職務変更）としての運用を行うことが肝です。

筆者の降職・降格・ジョブグレード変更の法的見解は次ページの図表の通りです。

筆者は中小企業の現場を見ていて不思議なことに気づきました。係長になる、課長になる、係長手当がつく、課長の手当がつく、逆に係長から降りる、課長から降りる、係長の手当がとれる、課長の手当がとれる。

この場合、あまりもめません。

いくら人事権だと言っても、その役職にする基準（逆に降ろされる基準）が問われるべきなのに、そこは一切議論されることはないのです。

役職と同時に等級が降格になる場合もそれほど労使トラブルはなかったと言えます。

逆にその人の能力や成果の評価で基本給がたとえば、▲２０００円と減額されることには猛烈な反発があります。

	根拠の合理性	濫用の判断
①降職 人事権による役職の降格	就業規則・賃金規程等による根拠は不要	大幅な裁量がある。ただし、賃金が大幅に下がる場合には制約があるので注意
②降格 資格等級の引き下げによる降格	就業規則・賃金規程等による根拠が必要。賃金表も原則必要。かつ、運用の合理性も求められる	厳格に考える。高度の客観的な合理性が要求される
③ジョブグレード変更 評価を前提に職務の変更によるグレードの引き下げ	グレード毎の上限・下限は必要。賃金表は不要。②ほど厳密ではない	②よりかなり緩和して考えられる

以下、本当にあった事例です。

社員50名のＩＴ企業のＪ社は人事評価により、社員Ｘの基本給を２０００円減額しました。就業規則等の根拠規程もしっかりありました。しかし、その社員Ｘは納得がいかないということで合同労組に駆け込みました。

３回程度、団体交渉で説明しても、「私はこんなに頑張っている」「上司のＹさんは何も見ていない」「なぜ、私は減額で、同僚のＺさんは上がっているのか理由がわからない」「減額の問題だけでなく、今後安心して働くためにこだわっている」等々、合同労組との団体交渉は延々と続きます。

結局、社長は「これ以上、労働組合の人たちに説明しても平行線をたどるだけ…」ということで、減額を撤回することにしました。同時に賃金減額の制度を廃止し、賞与で調整する方向にしたのです。

筆者が提案する「ジョブグレード変更」は原則として３階層（実務職層・監督職層・管理職層）の３つでした。グレード表、基本給表及び役職手当表の例を再度、あげておきます。

【ジョブグレード表】

グレード	概　要
管理職層（グレード3）	部門の責任者として高度なマネジメントと専門能力を基礎に、部門業績の責任と部門活性化の責任を負う。
監督職層（グレード2）	部門内の小チームのリーダーとして判断業務を中心に職務を遂行しながら、チームのマネジメント責任を負う。
実務職層（グレード1）	プロとして必要な専門技能を有し、専門分野を確立する業務は定型業務から複雑・非定型業務まで幅広く遂行する。

【範囲職務給表】

グレード	基本給	
	下限	上限
3	270,000	400,000
2	230,000	300,000
1	195,000	270,000

【役職手当表】

【管理職層】

	課長・部長
	役職手当
Ⅰ	100,000
Ⅱ	110,000
Ⅲ	120,000
Ⅳ	130,000
Ⅴ	140,000
Ⅵ	150,000
Ⅶ	160,000
Ⅷ	170,000
Ⅸ	180,000
Ⅹ	190,000
Ⅺ	200,000

【監督職層】

	係長
	役職手当
Ⅰ	10,000
Ⅱ	15,000
Ⅲ	20,000
Ⅳ	25,000
Ⅴ	30,000

主任
役職手当
5,000

ジョブグレード変更の事例を申しあげます。

Xさんは管理職（課長）でした。

しかし、管理職としては振るわず、管理職の役割を果たすことができない状況でした。給与は基本給32万円、役職手当12万円の合計44万円支給されています。

賃金規程に課長の役職手当の明記、管理職を降りたらジョブグレードが変更になることの明記があったとします。この前提で、Xさんのグレードを３→２に変更することにしました。役職手当12万円→２万円（係長へ）、基本給32万円→30万円で合計12万円の減額となります。もっとも、Xさんは残業をすれば、残業代がつくようになりますから、減額はこれほど大きなものにはなりません。

Yさんは監督職（係長）でした。

しかし、Yさんに部下をもたせるとその部下はすぐ辞めてしまいます。周囲の意見ではパワハラ気味の指導をするようです。給与は基本給28万円、係長手当１・０万円の合計29万円が支給されています。

賃金規程に係長の役職手当の明記、監督職を降りたらグレードが変更になることの明記があったとします。この前提でYさんのグレードを変更することを決定しました。

そうすると、役職手当１・０万円→０円、基本給28万円→27万円で合計２万円の減額となります。

このジョブグレード変更によって、このＸさん及びＹさんは下位グレードの上限に基本給が位置することになります。よって、今後は上位グレードへの変更がない限り、昇給はないことになります。

昇給を望むなら上のグレードに上がる必要があるということです。この基本給の減額は「降職による減額」と「降格による減額」が併存しています。

とはいいながら、読者もお気づきのように実は上記事例はほぼ従来の「降職による減給」です。そこに役職手当の停止に加えて、基本給の上限まで引き下げる給与減額の要素を入れたにすぎないのです。

もっとも、「降職による減給」にしても賃金表等のルールがなければ、上記のような基本給減額はできません。「勤続重視ジョブ型」給与の範囲職務給では、賃金表でありませんが、基本給の上限・下限を明確にして規程化することで減額の根拠をつくっています。

今後はこの基本給をどのように増減させるかが、日本型賃金システムでは課題となるのです。しかし、昇進・昇格・降職・降格と基本給の関係は多くの会社でとても曖昧です。

それは、まだまだ人に給与がつく、人の能力で給与が決まる日本型の職能給が根本にあるからです。

そうなると、やはり人事評価をこねくりまわし、人の能力を評価するほかなくなり、運用に手間がかかるわりに、社員の士気を逆に低下させることになりそうです。それは避けたいと思っています。

典型的な日本企業の減給の失敗事例を上げてみます。

（給与制度が曖昧で、降職〝昇給〟となってしまった事例）

以下は中小企業Ｇ社の失敗事例です。

Ｙさんは課長職でした。

基本給40万円、役職手当４万円、合計44万円が支給されていました。Ｙさんには課長職ということで残業代は支払われていませんでした。

そんなある日、Ｙさんが社内不倫をしているという噂が社長の耳に入りました。社長はＹさんに問いただしましたが、Ｙさんは否定するだけでなく、「私を侮辱している」と逆ギレしました。社長はこのままでは風紀が乱れるということでＹさんを課長から降ろし、無役にしました。給与は役職手当の４万円がとれて、基本給40万円のみです。

それから数ヵ月たったある日、社長にYさんより一通の要請文が書留で届きました。

●●社長へ

要請文

Y本　晴夫

1　私は課長ではないので労基法の管理監督者ではありません。しがたって、基本給40万円を基礎に令和●年●月●日に遡って残業代を支払ってください。

2　課長職に戻すか、今後も残業代を適正に支払ってください。

以上が守られない場合、法的措置をとります。

以上

Yさんは通常、月間40時間程度、残業をしていましたので、月額12万円ほどの残業代は払うことになることがわかりました。

驚いた社長は知り合いの弁護士に相談しました。

社長

課長を降職したのにこれでは逆に給与が上がってしまうではないですか。ありえない。本当に基本給も下げたかったが温情で据え置いたのですよ。

弁護士

お気持ちはよくわかりますが、今回の請求は法的にはどうしようもなく、未払い賃金を支払うほかありません。金額は交渉できますが……。

社長

それなら、基本給を下げます。もともと、彼は養育費の支払いが苦しいということで上げてやったんですよ。先生、どれくらい下げられますか？

弁護士

残業をさせないことはできますが、基本給は本人に十分に説明して、真の合意を得なければ下げることはできません。

社長

能力が低いという人事評価で下げたらどうですか。彼は現に今期、大きなミスを犯しています。

弁護士

あいにく、人事評価で基本給を下げるという客観的で合理的な根拠規程の存在、理由がなければ一方的に下げることはできません。

社長

……。

G社のように、多くの会社では基本給は年齢、勤続、能力評価、属人的な事情などに基づく「人」に対する給与なのです。したがって、原則下げることができません。

一方、役職手当は役職降職となれば、役職手当が外れるのは必然ですので、下げることができます。筆者の提案する「勤続重視ジョブ型」給与では、この状態を徐々に解消し、基本給でさえ職務と緩やかに結びつけようとする試みなのです。グレード変更により、基本給は各グレードの上限・下限を基準に変動がありえるということです。

経営者からしたら、このジョブグレードをもっと小刻みにしてきめ細かにアップダウンさせたいというニーズもあるでしょう。しかし、「降格による減給」のところでご説明したように、そんなことをすると、かなり運用の難易度が上がってしまいます。ですから、まずは実務職層、監督職層、管理職層、程度の区分からはじめます。そして、運用を重ねながら、各社毎にこの３グレードの中の区分を明確にして、その中で昇格・降格の仕組みをつくることもあります。その場合であっても、人事評価の点数や評定をこねくりまわすのではなく職務・ジョブを基軸として構成することになろうかと思います。

役職手当の変動について

１７８ページの役職手当表をご覧ください。まさに運用の難易度が高い「降格による減給」が想定される内容になっています。筆者はこの部分について、客観的で合理的な人事評価制度を導入すべきだとは思いません。

そのかわり、役職手当表での増減は2ランク（2万円）以内程度とします。この増減は何で決めるかというと、「社長の評価」によって決めます。社長は管理職の定期面談を行います。日頃から社長と定期的に実績を報告しあい、そしてサポートを行う中で、もし減額の可能性がある場合はその旨を事前に告げます。

「このままではあなたの部署は重点方針の●●も××も達成できない。まだ半期あるので挽回してほしい。挽回できないと1ランク役職手当が減額になってしまう。奮起を期待したい」という具合です。

ところが、当該管理職は納得しておらず、役職手当が仮に1ランク（1万円）減額になったとします。もし、それで争いになったら「降格による減給」の要件からすればダメだと思います。

ですので、念のため当該管理職に「降格による減給」に関する書面の合意書をとるようにします。では、合意が得られなければどうするか？　その場合、賞与にて減額するなどがありえます。また、減給は控え、次期もやらせてみて実績が出ない場合は「降職による減給」つまり管理職を降ろしてしまうなどがあるでしょう。

中小企業は代わりの管理職がいないので、片目をつぶって使っていくしかないことが大半です。また、本人の体外的なメンツやプライドを維持するには管理職を続行し、賃金を若干減額して奮起を促すほうが良いことのほうが多いのです。

「なんちゃって専門職」の給与を下げたい…

特に部下を持たせ、管理監督させる役職に上げるわけではない。しかし、中小企業では人手不足で辞められたら困るのでグレードを上げ、給与を上げるなどはよくあります。たとえば、監督職でもないのに、先に述べた「なんちゃって専門職」として1→2へ昇格させた人などです。

この人の給与を人事評価で下げたいとします。こうなるとまさに「降格による減給」の性質を持ちます。つまり、「降格による減給」となれば、賃金規程上の根拠、人事評価制度、賃金制度の設計上・運用上の合理性が厳しく審査されます。

具体例を申しあげると、社長が現在、基本給30万円をもらっている人について、グレードを下げて、基本給27万円にしたいという事案です。明確な根拠規程があれば、できないことはないと思います。しかし、その明確な根拠規程の設定・運用は中小企業では難しいです。

では、どうするか？

それは、もう、基本給の減額は諦めることです。そのかわり、今後の昇給は原則として停止とし、後は賞与で減額査定するほかありません。さらに残業も許可制にして原則として禁止とします。

03

悩ましい管理職の残業問題

「役職手当表」では一応、部長・課長を労基法上の管理監督者として想定して記載しています。しかし、この管理監督者（労基法41条2号）の要件は著しく会社にとって厳しいのです。裁判例では「経営方針の決定に参画し、あるいは労務管理上の指揮権限を有する等、その実態から見て経営者と一体的な立場にあり、出退勤について厳格な制限を受けず、自己の勤務時間について自由裁量権を有する者」とされています。

この「経営者と一体的な立場」という要件でもうアウトとなることが一般的です。

そうなると、実質的に**中小企業では管理監督者はオーナー一族役員だけ**になってしまう会社が多いと思われます。つまり、社内的な職制上の部長、課長、工場長、店長等の管理職であっても労基法上の管理監督者とは認められないという理解で良いでしょう。では、残業代をやったらやった分払うのか？　というと多くの会社で組織運営上の「違和感」が出ます。実は給与体系をつくる、人事給与コンサルタントである筆者の長年の悩みもココにあるのです。法律と社長とのニーズが全く異なるからです。

この対策として以下のようなものが考えられます。

その①　部課長の役職手当を小さくして固定残業手当を支給する

労基法上の管理監督者ではないとしたら、残業代の支払いが必要です。しかし、社長が定時を超えた課長の残業時間を把握・管理してその都度、残業許可を与えるのは現実的ではありません。したがって、一定の想定される残業代を固定で支払いながら、実際に残業をした場合に超過する場合は、その超過分はその都度支払っていくことになります。その場合、例としたら以下のような給与体系のイメージとなります。

基本給	32万円
役職手当（課長）	3万円
固定残業手当	7・8万円（月間30時間分の残業代）
合計	42・8万円

このように役職手当を抑制して、役職手当と固定残業手当を区分し、かつ役職手当と固定残

業手当の合計でおおむね10万円～20万円以上として給与体系を考える、という発想が必要となります。

その② 仮に労基法の管理監督者として認められない場合を想定、規程化する

社長にとっては、部・課長は管理監督者であって、残業代相当分を考慮して「多め」の役職手当を支払っているという言い分があります。しかし、裁判所は大半の管理監督者を否認します。そうすると、その「多め」に支払っている役職手当も基礎賃金にして、未払い残業代を支払うことを求めます。まさに社長にとっては、好きなように仕事をしてもらっていて、払わなくても良いと思っていた残業代でした。さらに、その残業代の代替分として払っていた多めの手当も基礎賃金として計算されて支払いを余儀なくされるわけです。ダブルパンチ、トリプルパンチの印象があります。

その社長の気持ちをふまえると、以下のような規程がありえると思います。

> 部長・課長に対する役職手当は労働基準法41条2号の監督若しくは管理の地位にある者として支給する。仮に同法同条項の地位にないことが判明した場合にはその役職手当の全額の返還を求める（又はその全額を残業代に充当する）。

04 「勤続重視ジョブ型」給与の賞与の払い方

賞与は日本型賃金システムの大切な一部

賞与というのは、日本独特の制度です。

日本は原則として終身雇用で長期雇用が約束されています。つまり、簡単に解雇をして人員数を調整できないということです。おまけに職能給制度下では、「降格による減給」は賃金規程上の根拠を設けながらも、かなり厳しい審査が及ぶことも説明をしてきました。

企業というのは不景気、商品力の低下による売上減、法律の変更による売上減など常に経営環境に応じて変化を余儀なくされます。しかし、一度上げた給与は原則下げることができないのです。

そうすると、業績の変動に備えて労務費を調整する術がないことになります。

そこで、**すべてを固定の給与として支給するのではなく、一部を会社業績、部門業績、個人の勤務成績に応じて変動可能な「賞与」として支給するようになっていった**のです。

具体的な中小企業の事例はこうです。

1年単位で言えば、給与は固定の給与（12ヵ月分）と変動可能性のある賞与（3ヵ月分）です。この3ヵ月分を賞与引当金で引当し、業績が悪化しない限り、払う前提としています。業績が良ければ、1ヵ月以内程度で決算賞与を支給します。そうすると賞与は年間4ヵ月分となります。

一方、会社の業績が赤字になったとします。

それでもこの3ヵ月分がゼロになるわけではありません。少なくとも会社が苦しいときでも年間で1・0~1・5ヵ月分程度は支給しているように思います。

賞与は経営者からすると、想定していた「3ヵ月分」の賞与は**「著しい業績悪化時に変動させることができる人件費」**です。しかし、社員からすれば**「3ヵ月分」程度は高い確率でもらえるだろう「生活費」**なのです。

ローンのボーナス一括払いなどが存在するのはその証左です。つまり、賞与は、単なる業績連動給ではなく、「変動給」でもありながら、「準固定給」なのです。また、一定の「生活保障給」の要素もあわせもった、日本型賃金システムの大切の一部になっていると言えます。

これから賞与格差は著しいものになる

筆者は日本全国の主に中堅・中小企業の賃金データを見ることができる立場にあります。よく某信用金庫さんが取引先企業の賞与の支給実態を調査され、それが新聞等に出ることがあります。そこには大手企業の水準に比して著しく低額の水準が報道されています。支給できないという会社も少なくないことが記載されています。

筆者のクライアント企業のメイン層は年商20億円～３００億円程度、社員数は70～80名から５００名くらいの中堅・中小企業です。

その層では実は儲かっている会社は大手並の賞与が支給されていることがあります。儲かっている会社は儲かっていて、良い会社がたくさんあります。この層の実態はあまり表に出ません。今まで筆者のクライアントで賞与月数が最も多かったのは月給の10・５ヵ月分でした。

自社商品を持っていて、ある分野で大きなシェアを獲得しており、世界展開をしている社員２８０名の製造業です。給与も高いこの会社から「賞与を出しすぎると何か問題にならないか」

という相談があったくらいです。

一方で社員の皆さんが一生懸命頑張っているのに、長年、賞与が年間２ヵ月分もないような会社も複数あります。会社が儲かる構造にないのです。

今後、最低賃金が１５００円になっていき、若手の給与、パートの時間給が上がっていくと全体的に月給を上げる圧力が高まります。

人手不足の時代に採用するためにはまずは月給、初任給の底上げです。そうすると、多くの会社が「業績により変動させることができる人件費＝賞与」を予算としてとることができなくなるでしょう。

つまり、益々、企業の収益性・安定性格差により、著しい賞与格差がつくと予想します。今までのように夏・冬一定の賞与を支給できます、というのは中小企業でも限られてくるはずです。賞与をほとんど出せない中小企業が続出するということです。この面からも一部の企業を除いて、日本型賃金システムは崩壊していくと考えています。

賞与は業績連動給ではなく、柔軟性を確保するための年収調整弁

賞与は会社の業績、部門の業績。本人の勤務成績で決まるものです。しかし、日本全国の中

小企業の社長の賞与の決め方は以下のようなものです。

たとえば、今年の**12月の冬季賞与**を決める場面を想定します。

①　前年の賞与、前年の年収、昨年の夏冬賞与の金額を確認する。
②　管理職に各人の評価を聞く。
③　それをふまえて社長が評価する。
④　今年の「夏の賞与」、「今年の想定年収」を考えながら、**今年の冬季賞与**を決める。

以上

上記①～④がやりやすいようにエクセルシートで一つの表になっているのが一般的です。

賞与は前年実績をふまえ、今年の年収をどう決定するかの年収調整の側面が多分にあります。

ムダな残業が多い人は賞与を減らすことも多いです。

逆に（残業が少なく、又は時短勤務で）辞めてほしくない人は賞与で年収を底上げします。

筆者の考えは賞与については社長・役員が好きに決めればいいと思います。「勤続重視ジョブ型」給与においても、この発想は継続します。これから益々原資は少なくなるのです。

フリーハンドで決められる部分は確保しておかなければ、社長のストレスが溜まります。その上で、社員から賞与金額決定の理由を求められたら、年収調整の理由を具体的に説明すればいいのです。

ですから、規程の例は以下のようなものです。

第●条　会社の業績、部門の業績及び社員の勤務成績により賞与を支給する。ただし、会社の業績状況、本人の勤務成績等により支給しないことができる。

2　賞与の支給対象者は賞与支給日に在籍する者とする。

評価査定期間、基本賞与と業績賞与の区分、出勤率、点数・評定と賞与金額との関係……一切記載する必要はありません。このような内容は「勤続重視ジョブ型」給与で大切にする「柔軟性」を阻害します。

別の観点の「柔軟性」ですが、問題となった事例をご紹介します。

Ｌ社は社員１５０名の製造業です。

社員Ｘがある日、退職届と退職日までの有給申請書（24日分）を上司の机の上において次の日から来なくなりました。退職届の退職日は7月20日となっています。賞与の支給は7月10日と決まっています。社員Ｘは重要なプロジェクトの一員でした。

引き継ぎは一切ありませんでした。さらに、使っていた工作機械のプログラムを操作して嫌がらせのようにとても時間を要する改変を加えていたのです。リカバリーをする上司・同僚・後輩の怒りは収まらなかったというのはいうまでもありません。

Ｌ社の7月賞与の評価期間は前年10月～当年3月となっていました。社員Ｘの人事評価はＳＡＢＣＤのＢ評価でした。コンサルタントがつくった給与制度では、業績平準時でＢ評価であれば基本給（32万円）×１・５ヵ月分＝48万円がもらえることになっています。この場合、会社は賞与を支払う義務はあるのでしょうか？　理屈上は支払い義務がありそうで、困ったことになります。

上記のような場合、賞与は支給したくないのが本音だと思います。

ですから、評価査定期間、点数・評定と賞与金額との関係など明記するのは得策ではないのです。賞与に詳細な制度について規程化は不要です。毎年、賞与の支払方針はその都度変更し、社員に発表すればいいのです。

Ｌ社が仮に先に提示した条文例にすでに変更・実施していたとします。その前提であれば、私がＬ社の社長であれば社員Ｘに賞与を払うつもりは一切ありません。もっとも、このような抽象的な条文であっても、労使慣行の存在や期待権の侵害として不法行為による損害賠償請求などで訴えられる可能性はあるかもしれません。

でも、受けて立とうと思います。**これで社員Ｘに賞与をホイホイ払っていると残って頑張ってくれている社員に示しがつかないのです。**これも労務管理です。

もう一つ、賞与の意味があります。それは今後の「期待料」です。賞与の建前は過去半期又は通期の実績評価です。しかし、特に若い人や転職可能な人には「辞めてくれるなよ」「頑張ってくれよ」という期待料が含まれています。ですから、退職が決まっている人には一定のディスカウントをしたいものなのです。

05 中高年の処遇とやる気の問題

■日本型賃金システムは中高年のやる気を奪うシステム!?

筆者が受ける相談の類型として、「中高年の某社員のやる気が著しく低いのでどうしたら良いか?」という相談があります。

聞くところによると、元役職者や経験もあるベテランで能力的に低いわけではないのですが、やる気を失っていて成果が全く上がらないというのです。

成果が上がらないどころか、周囲に「あの人なんとかしてください」と言われて、チーム全体の士気に悪影響まで出ている始末です。

人事給与のコンサルタントとして肌で感じるのが、昨今、**中高年の給与に対する不満、特に男性の不満が著しく高いということです。**これは大手企業から中小企業に至るまでそうではないかと推察します。

大手企業の係長クラスは年収７００～８００万円もらっていたりしますが、同期入社の●●君は（俺と実力は変わらないのに?）課長職で年収１２００万円であることが不満となります。すべての不幸はほかと比べることから始まるのです。


日本型賃金システムは年功賃金・定期昇給でお金が一番かかるときに給与水準がピークを迎えるシステムでした。また、新卒一括採用がまだ有効で捨てきれず、若い頃に入社して一応、「誰もが出世の階段を登る希望の持てるシステム」でもあります。

しかし、これが逆効果で、40代・50代の中高年社員は給与が高い割に働かないと言われます。また、実際、課長や部長になれるのは半分程度もいないので、希望を持っていただけに出世競争に破れた無力感、評価に対するとても強い不満があります。

複数の国際的な調査で明らかになっていますが、日本のサラリーマンは世界（主要先進国）の中で一番仕事が嫌いで、会社を憎んでいるそうです。ですが、世界で一番長時間働いていて、労働生産性が最も低いという結果となっています。


筆者は人事給与制度を構築し、導入することもお手伝いをしていますが、昨今のトレンドは若手の待遇改善・管理職の年収増はあるにしても、出世できない中高年男性は抑制する傾向が顕著です。

つまり、給与制度のトレンドとして確実に言えることは、中高年男性に対する風当たりが強い、スポットライトが当たらないのです。

「仕事ができず金ばかりかかる」、そんな目で見られることもあります。出世しないと役職者でもないのに年功賃金で給与が高いと言われるのです。逆に、出世したらしたで、管理系の仕事が増えます。そうすると実務に疎くなりますので、役職定年後や会社の余力がなくなると「実務ができない口先ばかりの高給取り」の烙印を押されてしまうのです。

ときにリストラ対象の急先鋒に上がってしまうことさえあります。

こうみてくると、日本の雇用システムはジョブ型雇用システムである欧米とは真逆です。欧米では年功賃金でないジョブ型給与なので教育の必要がなくスキルが高い中高年のほうがお得で人気です。

給与は欧米の若年層はスキル面で未熟なのに賃金は中高年の熟練者と大して変わりません。それなら、企業は若手を雇うのは費用対効果が悪いと判断して若手を忌避するわけです。結果として、欧米は若手の失業率が高いという結果になっています。どのシステムも本当に一長一短だな、と思わざるを得ません。

日本型賃金システムは崩壊の過程にあると申しあげてきました。結果が出ないダメなシステムは自然と淘汰されていくはずです。一企業の運用の巧拙というよりも、日本型賃金システムそのものが、結果として中高年をディスカウントする仕組みを内包しているように思えてなりません。

企業は無理して中高年のやる気を高めようと思わない

終身雇用と日本型賃金システムを前提に、成果を測るための目標管理制度、能力を評価する詳細で精緻な人事考課システム、ＳＡＢＣＤのランク付け、明確な昇格・降格制度、役職定年制度…。真面目で優秀なコンサルタントや人事担当者は納得性・公平性を追い求めてきました。これらの施策をもう30年以上の間、時間と労力をかけて徹底的に推進してきたのです。

その結果、今の日本のサラリーマンのやる気、労働生産性が先進国で最低だということです。従来のやり方はもう限界に来ている、みんな理解しています。

だから、一部の大手企業は日本型賃金システムを抜本的に改めてジョブ型賃金システムに移行しています。つまり、従来の日本型賃金システムの枠内で物事を考えていてはダメだということです。

真面目な社長や人事担当者は中高年の社員を含め、社員の「やる気」とか「納得性」をとても気にします。それを高めるために、やれタレントマネジメントや、やれキャリア研修、やれエンゲージメントなど、社員の不満を聞き、必死になって対応されています。

しかし、筆者はそんなに人のやる気や納得性が大切ですか？　と問いたいと思います。

私たちは中小企業です。

社長を含め数人の幹部がスーパーやる気に満ち溢れた人材になればいいのです。

そして、その「人材」の衆知を集めて、決死の覚悟で、粗利の高い商品サービスをつくり、人手がかからない製造工程で生産し、営業マンなし又は極少で販売する仕組みをつくればいいのです。

ジョブ型社会の欧米では社長を含め経営幹部は死ぬほど働いています。一部の中高年のやる気がなくとも、大半の社員が普通のやる気で、普通にやっていれば利益の上がる会社づくりを優先すべきなのです。

社員のやる気などは労働生産性を上げる一要素に過ぎません。さらにもう中高年のやる気やウェットな社内の人間関係で乗り切れるビジネス環境でないのです。人のやる気に頼る経営は危険です。これからは極めて戦略的な取り組みが求められています。

筆者はさまざまな優良企業の給与明細を拝見していますが、パッとしない会社の同年齢の社員と比べると倍ほど年収が違うことがあります。**優良企業の40歳の社員とパッとしない企業の40歳の社員の能力・やる気が倍ほど異なるということはありえません。**異なる理由は「働く場所」です。どの企業に務めるか、どんな仕事をするか、またはどんな武器（ＩＴ機器・設備）を持っているかが賃金決定の決定的な要素です。

賃金を決める要素はマーケットの価格とその会社の労働生産性を上げる構造なのです。

今まで通りの仕事を今まで通りやっていてはもう、一定程度上がった給与は上がることはない、これが大前提です。その上で、中高年のやる気に頼らないシステムとは以下のようなものです。

その① 社内転職を積極的に奨励する

具体的にはホワイトカラー職種から、ブルーカラー・技能職への転換などが考えられます。たとえば、建設業なら営業職が現業職への転換です。運送業なら総務職がドライバーになるなどです。

この場合、一定の資格や免許が必要となる可能性がありますが、その補助は会社が積極的に行います。いわゆる某総理大臣も言っているリスキリング支援です。

最近は中堅企業クラスであれば、複数事業があって、ある部門の職種についてはそれなりに応募があるが、別のある部門の職種はサッパリ応募がないという採用困難職種が浮き彫りになっています。

この採用困難職種はブルーカラー系・現業系の職種であることが一般的です。これらの採用困難職種への「社内転職」を促したいのです。

もちろん、社内に転換する職種職務がなければ、知り合いの会社に在籍出向させることもありえます。銀行などがよくやっている試みです。最近は銀行も人手不足なので、あまり積極的ではないようですが、取引先で人が足りない場合、銀行は行員を1年間在籍出向させ、取引先で働かせます。

そこでお互いに相性が合えば、取引先に転籍して銀行を退職するという、実によくできた労働移動の仕組みです。

このような人材のマッチングもやっていく必要があると思います。もっとも、出来の悪い社員を出向させると、3ヵ月もたたないうちに出向先から「もう勘弁してください」とその出向者が「返品」されてきますので悩みは尽きません。

その② 独立開業を含め副業を積極的に認める

いわゆる「働き方改革」の一貫の政策として、副業・兼業を認めていく方針が打ち出されています。副業の推進に向けた厚生労働省のモデル就業規則も改定されています。従来のモデル就業規則は、「原則副業禁止、例外副業容認」でした。それが改定後は**「原則副業容認、例外禁止」**と、原則と例外が逆転して規程されています。

そもそも、従来から副業というものは法的に禁止されたものではありません。各企業の就業規則等の諸規程で禁止していたにすぎないのです。裁判例や学説においても、勤務時間以外の時間をどのように過ごすかは基本的に労働者の自由であることから、以下のようなケースに限って、例外的に企業が副業・兼業禁止する余地があるとしていました。

〈副業を禁止できるケース〉

①本業への労務提供上の支障がある場合
②企業秘密が漏えいするなど企業秩序に影響が生じる場合
③信頼関係を破壊する行為がある場合
④副業・兼業が競業に当たる場合

したがって、何か法律が変わって、副業・兼業が認められやすくなったのではないのです。

筆者の見立てでは、中小企業においてもかなりの数の人が〝こっそり〟副業をしていると思われます。副業の理由としては、やはり経済的な理由が大きいでしょう。

副業先でのパート・アルバイトとしての時間給もドンドン上がっていることもあります。

たとえば、50代ともなれば子どもが高校・専門学校・大学に行く年代になるので一番お金のかかる年代です。しかし、給与・賞与はそれほど伸びていかない時期でもあります。

御本人の趣味・娯楽のお小遣いも当然必要です。

余暇を活用して個人が何をするにも自由なのですから、企業は副業を禁止できるケースに当てはまらない限り、副業を許可していくほかありません。中高年の場合、会社の給与は頭打ちになるので、逆に副業は積極的に認めていけばいいと思っています。

ただし、若手の副業奨励は注意を要します。それが結果として**「転職の奨励」になる懸念です**。中小企業は極めて少ない、素養のある若い人材を経営幹部として育成・処遇しなければならないニーズが高いといえます。もし、副業を容認すれば、以下のような事態にならないでしょうか。

実際にあったD社（社員60名　製造業）の事例です。後継社長が、他社でも経験を積んでほしいとして、副業奨励を打ち出した結果、転職されてしまいました。頭の中だけで考えるとダメな労務管理の失敗事例です。

副業先企業を大手企業、副業労働者は中小企業の社員とします。

大手企業　君、若いのによくやってくれるね。遅い時間までありがとう。ところで、今の会社でいくらもらっているの？

社員　まだ26歳で入社２年目ですから、年収３２０万円程度です。

大手企業　もし、君さえ良ければだが、ウチに来ないか。入社１年目から年収４３０万円以上は出せるよ。30歳でリーダーになれば年収５５０万円以上は確実だな。

社員　え！　ホントですか。前向きに考えてみます。

副業容認を打ち出した大手企業なら年収や福利厚生面では副業先と比較しても、上記のようなことにはなりにくいはずです。

しかし、特に中小企業の社員が大手企業で副業することになれば、簡単に引き抜かれてしまい、益々中小企業から優秀な人材が流出してしまうのではないでしょうか。

これは実は、現に副業が盛んな海外企業で起こっている事実でもあります。

少し話がそれてしまいました。

筆者は生活費がかかる40代以上の社員に限って、希望者は積極的に認めたらどうかと思います。そうすると、ターゲットは役職者にならない一般社員になります。

副業について何も経済活動ばかりとは限りません。

年齢にかかわらず、何か自律的・自主的に役割を果たしている人はいきいきとしているということです。

たとえば、Aさんは少年野球の強豪チームの監督をやっています。土・日や夏休み・冬休みの早朝は練習です。Bさんは合同労組の役員をやっています。Bさんは会社でも残念ながら認められていない、居場所がないようですが、合同労組の役員として自己実現を果たせているようです。このような中高年の社員は「いい顔」をしています。

独立開業なども認めていくと良い方もいます。

筆者のクライアントでも独立を認めて、最初、週3日程度は来てもらい、徐々に勤務日数を減らして、商売が軌道にのったら完全に独立した方がいます。その元社員は、今でもなんとかやっておられるようです。実はこの元社員は40代半ばで会社としては周囲の幹部との人間関係がうまくいかず、社長も悩んでいた社員でした。

社長は結果として良かったとおっしゃっています。筆者は特に仕事はできるが、クセのある個性的な社員は独立させるしか解決しないな、という事案に今まで複数遭遇したことがあります。

その③　社外へ転身支援を行う

現在、60歳定年で65歳まで継続雇用が義務付けられているが、これが65歳定年、70歳まで継続雇用が義務付けられたとしてもおかしくありません。

先に述べた「一番仕事が嫌いで、会社を憎んでいる。世界で一番長時間働いていて、労働生産性が最も低い」と言われる日本の社員たち。それも40代・50代から70歳まで企業が雇用するのはどう考えても、健康な組織体とは思えません。

どこにも行くところがないから、生活のために仕方がないからいるんだ、という言い分もわかります。ただし、そんな人たちをたくさん抱える企業が優勝劣敗の資本主義の経済戦争に勝てるわけがありません。

したがって、**中高年のやる気を高めようとするよりも、新陳代謝を促すことです。**

幸いこれから日本は労働供給制約社会に入ります。

つまり、社会生活に支障が出るほど労働力が足りなくなります。

ですから、もっと必要とされ、自身の能力が発揮できる場所が必ず見つかるはずなのです。

そのために企業は二つの支援プランを用意する必要があります。

一つは（特別）退職金です。たとえば、転身をするときでも先立つものはお金だからです。「勤続重視ジョブ型」給与にマッチした、これからの退職金の考え方は「第5章　ジョブ型定年延長と退職金制度」で詳しく述べていきます。

もう一つは、次の転職先を探すことです。

中小企業が独自で探すことは限界があるので専門業者のアウトプレースメントサービスの活

用です。筆者はクライアント企業に積極的にこのサービスをご紹介しています。

アウトプレースメントとは、会社が社員に対して行う再就職支援のことをいいます。

そして、この再就職支援を会社が専門の外部企業に委託することで、退職する社員に提供されるサービスをアウトプレースメントサービスといいます。

たしかに、アウトプレースメントサービスは、企業が人員整理を行う不況期にその需要が高まるといいます。ですから、いわゆるリストラとアウトプレースメントサービスが連想されることが多いでしょう。つまり、どこか後ろめたいマイナスイメージです。

しかし、筆者はお金をたくさん渡すより、このサービスを企業負担でつけてあげることのほうが数倍価値あると考えています。

特に現在の会社との関係でミスマッチを起こしてしまっている人は、自分のことを客観的に分析できていない人が多いと見ています。それは良い面（強み）も悪い面（弱み）も含めてです。アウトプレースメントの専門業者は、本人の適性、キャリアの棚卸し、面接のサポート、再就職先のあっせんまで、プロのコンサルタントが実にきめ細かくサポートしてくれます。

もちろん、20代・30代の転職はこのようなサービスがなくともなんとかうまくいくでしょう。

しかし、たとえば、高卒で地方の工場に入社して20年以上勤務した40代の社員がいざ転職活動を行ってもうまくいかないものです。年齢が50代・60代となればなおさらでしょう。

不況のリストラのときに使用するのではなく、比較的、景気が良いとき、売り手市場のときにアウトプレースメントサービスを使って転職することは、社員にとっても有利です。

いま必要なのは人が余剰な分野から不足の分野への労働移動です。労働力不足の分野の職務のリスキリングなのです。中小企業であっても、転身支援としての特別退職金とアウトプレースメントサービスの付与は社会的なニーズであるはずです。

筆者のクライアント企業にも逆にアウトプレースメントサービスを活用した候補者を受け入れることで、人材を獲得し、戦力化されている企業も複数あります。

語弊を恐れずに言うと、人事の仕事とは「円満な新陳代謝を促し、組織の健康を保つこと、つまり、上手に人とお別れすること」なのです。

コラム

「強く必要とされること」がやる気の向上につながる

中高年のモチベーションの問題のご相談にのったときに、社長や幹部の口ぶりから、「できれば、（この中高年の方に）辞めていただきたいんだろうな」「給与を働きに見合う程度の給与に大幅に下げたいのだろうな」と感じる場面があります。

また、別の事例では、「役職定年制で給与を大きく下げながら、やる気を持って働いてほしい」という相談もあります。なかなか難しいです。特に、職務内容もさほど変わらず、給与だけが下がっている場合はなおさらです。**給与は会社の本音なのです。**

「会社から必要とされていない」と感じる50代・60代の社員は日本企業にたくさんいます。必要とされず、価値が認められなければ人も、事業も、商品も死んでしまうのです。

ですから、終身雇用だからといって、企業に必要とされていないと思いながら、しがみついて働く状態は危険です。やる気の向上など無理なのです。

ただ、人手不足の昨今、必要とされる場所・ジョブが必ず見つかります。積極的に人が足りない分野のジョブに労働移動を行っていただきたいと考えています。

コラム

もめるか、もめないかではなく、儲かるか儲からないか

外資系企業はジョブ型賃金システムです。ですから、日本の企業が海外に進出したときはできるだけジョブ型賃金システムにしようと努力しています。

一方、このような外資系企業が日本国内に法人をつくり、日本人を雇用する場合、ジョブ型賃金システムは成り立つのでしょうか？

筆者はこの点が気になって聞いてみたところ、外資系企業は原則としてジョブ型賃金システムを採用しているということです。しかし、若手を昇給させたい場合、ジョブを変更したことにして？　上げている、というのです。

先に申しあげた通り、ジョブ型賃金システムには若い頃は能力育成中であるという理由での定期昇給はないのです。もちろん、初任給は高めですが、若手の成長・能力にあわせて、給与を上げる仕組みではありません。給与を上げるにはジョブの変更が求められるのです。

でも、辞めてほしくない若手だからジョブを変更するのもおかしいわけです。

だから、**制度運用の工夫で、ジョブを変更したようにして給与を上げている**といいます。

つまり、制度的な理屈はさておき損得のソロバンをはじいているのです。

しかし、外資系企業は解雇や組織の新陳代謝となるなと、真のジョブ型システムの色を存分に出してくるように見えます。本来、日本国内にいれば外資系企業であっても、業績悪化やパフォーマンスが振るわないという理由で軽々に解雇はできないのが原則です。しかし、そんなことはお構いなしに、そのポストがなくなった、そのポストに求める役割が果たせていないとなると解雇やむなしという発想が根強くあります。

法的見解では負け筋であることは百も承知のはずです。それでも解雇に踏み切ります。この場面でも損得のソロバンをはじいています。

日本人は共同体・村社会に生きており、和が乱れるか、社員ともめるか、業界で孤立しないか、評判が悪くならないか、などを気にします。**外資系企業はもめるか、もめないかは優先順位が低いのです。**そのかわり「損得」つまり「儲かるか、儲からないか」です。**経済合理性がすべての判断基準です。**アジアであれば中国などもこの傾向が顕著です。

日本的賃金システムに象徴される、日本的経営にも良い面はたくさんあります。信頼関係・和・一体感が強みを発揮してきたのも事実です。しかし、過度に反発、摩擦を恐れては何も変えるべきものを変えていけない。現状の日本経済の凋落ぶりを見たときに、外資系から学ぶべきものはないだろうか、特に生々しい経済合理性の観点から反省してみるべきです。

第5章

ジョブ型定年延長と退職金制度

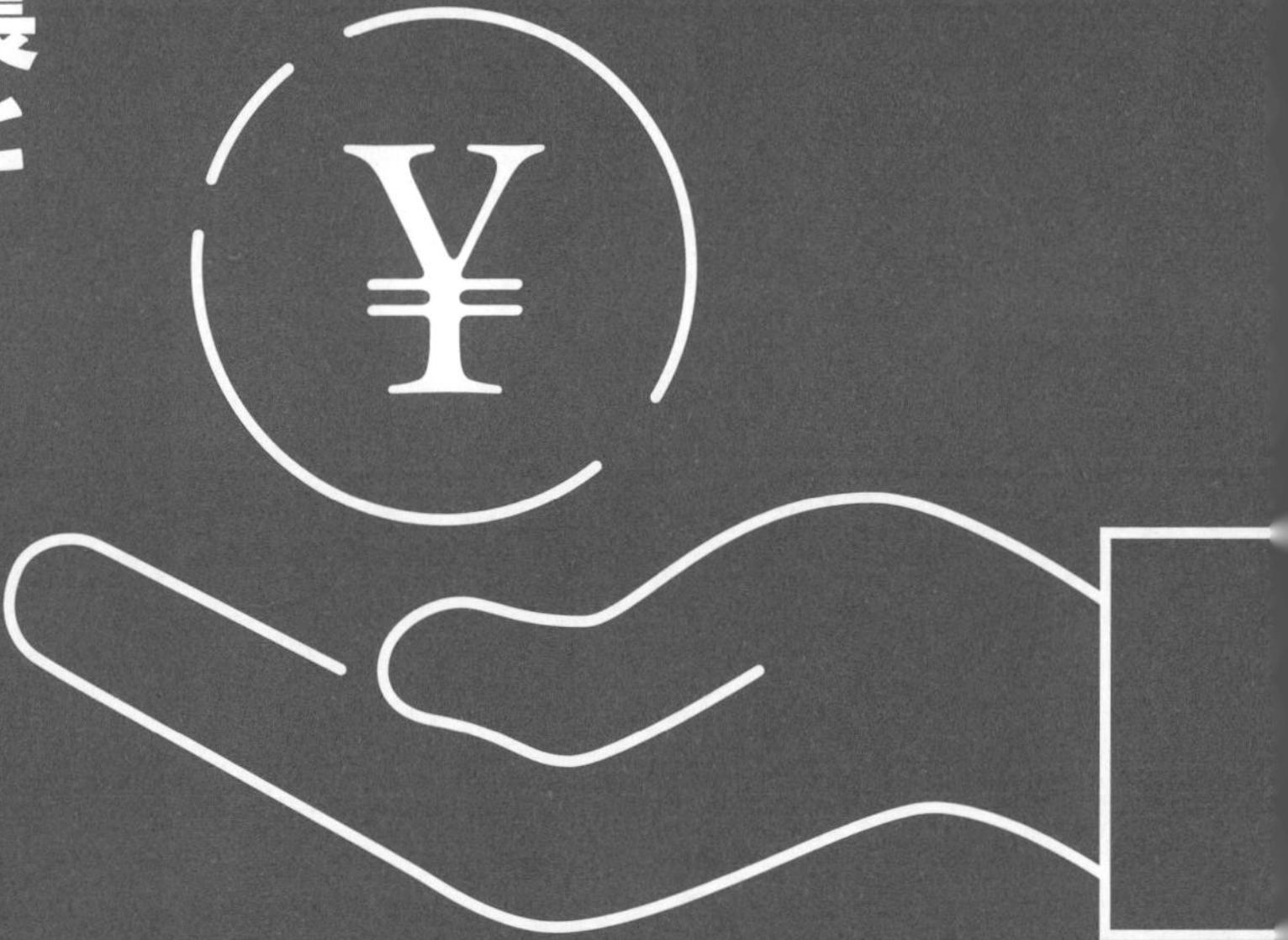

01 65歳定年延長は必要か？

現在の会社の雇用義務は？

日本型賃金システムは終身雇用・年功賃金・生活保障が特徴でした。

終身雇用と言っても原則定年までです。

米国には定年がありません。原則としていつでも雇用を終了できるからです。日本は定年まで原則として、雇用を確保する法律となっています。

現在、高年齢者雇用安定法（以下、高年法）は60歳未満の定年を禁止しています。

さらに65歳までの雇用確保措置というものを義務付けています。

この措置の内容とは、①65歳までの定年の引き上げ、②定年制の廃止、③65歳までの継続雇用制度（再雇用制度等）の導入のいずれかを選択することになります。

ちなみに令和3年4月1日からの以下の努力義務が追加されています。①70歳までの定年引き上げ、②定年制の廃止、③70歳までの継続雇用制度（再雇用制度）の導入、④70歳までの継続的に業務委託契約を締結する制度の導入等です。

以上をまとめると、中小企業のスタンダードは、原則として60歳定年、65歳までの雇用の確保措置の義務、70歳までの雇用の努力義務ということになります。

定年を延長したいという相談が急増

中小企業の場合、60歳定年で再雇用時の給与を含め、労働条件の見直しをするということが理想です。日本型雇用システムでは、59歳のときに給与は比較的割高になっていることが多いからです。

再雇用者の人事評価、従事する職務内容、健康状態等に応じて、フルタイム勤務でなくパートタイム勤務でも許されています。ただし、高齢法が求める継続雇用制度の趣旨をないがしろにしない範囲であることが必要です。

もちろん、60歳というのはまだまだ現役感が落ちません。ですので、給与の減額見直しはせず維持する、又は60歳以降も同様に昇給をしても構いません。特に管理職などの経営幹部として継続する場合、減額見直しをしない会社も多くあります。

60歳定年を維持していれば、上記のように会社の必要性に応じて柔軟に人によって労働条件を変更できます。原則、定年まで解雇できない、一度上げてしまった給与も下げれないのですから、企業にとってこのメリットは捨てがたいものがあります。筆者も軽々な定年延長、定年を廃止するなどの措置は断固として反対をしてきました。

しかし、ここ数年、風向きが明らかに変わってきました。

「定年延長を考えているがメリット・デメリットをふまえて制度設計したい」「65歳以降の雇用の仕組みについて検討したい」などのご相談が相次ぐようになりました。

背景には深刻な中小企業の人手不足と高齢化の進展があります。つまり、60代の社員も従来の「嘱託」としてのんびりしてほしくない。現役バリバリで活力を維持して働いてほしい、いや、そうしてもらわないと会社が維持できないという社長の危機感の現れと考えています。

65歳定年延長のメリット・デメリット

具体的には「65歳に定年延長をしたいがどうしたら良いか?」という相談が多いです。

もっとも、すでに65歳定年としている企業も数多くあります。

たとえば、医療・介護事業会社、建設会社、運送会社、一部の製造業などがあげられます。

特に、医療介護、建設、運送会社、製造現場は定年延長のニーズが高いです。

これらの会社は深刻な人手不足に悩まされている業種です。

共通点は、若い人が思うように入ってこない、平均年齢が高い、60代・70代の社員が重要な戦力になっている、実際に60歳以上の人も通常勤務をしているので定年が事実上ないという特徴があります。これらの業種では、特に60歳になっても辞めてほしくない、モチベーションを落としてほしくないのです。

上記の業種以外でも定年延長をする事例が相次ぐようになっています。
卸売業・小売業なども商品特性からまだまだ60歳以降の社員が活躍できる会社があります。
これらの業種で定年延長に踏み切る会社の特徴は、幹部やキーマンが50代前後以上で、かつ、50代で辞めてほしい社員が特段いないことです。

社長の頭の中にはいずれ法律は65歳定年を義務付けてくるのだろうから、先手を打って彼・彼女らのモチベーションを高めたいという意向もあるようです。

（65歳定年延長をする会社のメリット）

●50代・60代の中高年の士気を高めることができる。
●「嘱託」としてのＯＢ人材のような期待ではなく、まだまだ「現役」としての意識で働いてもらえる。
●辞めてほしくない人の引き止めにプラスの効果がある。

（65歳定年延長する会社のデメリット）

●原則として60歳で給与減額・パート化などの労働条件の見直しが難しい。
●辞めてほしい人も原則65歳まで条件維持で雇用を義務付けられる。

（本人からみたメリット）

●自分はまだ会社から期待されているという気持ちがもてる。
●65歳までは給与が維持される安心感がある。

（本人からみたデメリット）

●65歳までに会社で辞めると自己都合退職となり、失業給付に影響がでる。
●退職金の支払いが遅れる（5年後）ことになる。

等です。

一方で絶対に定年延長はしない会社もあります。それは若い人が採用できている会社です。また、業種・商品・サービスの特性上、60代では難しいという会社もたくさんあります。

典型的な業種はＩＴ企業・コンサル企業です。技術進歩が激しく、必要な知識を身につけて前線で長時間働くのは若くても過酷です。

広告・デザインなども時代をとらえるセンスが要求されますから、60代以上の社員よりも若い人重視にならざるを得ません。また、商品がZ世代以下をターゲットとしていると、中高年の人が企業の中核に座り続けるのは難しいでしょう。

実はこのような会社は、60歳定年再雇用、65歳まで継続雇用という現在の法的義務を果たすことも難しいと感じておられます。つまり、60代以上の社員に「やってもらう仕事がない」のです。しぶしぶ法的義務を、最低限の労働条件を提示して果たしている、そんな印象さえあります。

ジョブ型定年延長という発想

建設会社であれば、有資格者で現場監督などは60歳定年で退職となる状況はなんとか阻止したいのです。筆者のクライアントでは有資格者は65歳定年でも辞めてほしくないので70歳まで（いや70歳を超えても）なんとか引き止めている会社も少なくありません。

しかし、建設会社のC社から、「あの事務員さんはお局化して周囲に毒ガスを吐き散らしている。来年60歳だから辞めてほしい、または大幅に給与を下げたい」と相談があるわけです。65歳定年を会社の規則として決めたのですから、ある社員にのみ60歳定年のような取り扱いをするわけにはいきません。

別の清掃会社からは以下のような相談がありました。この会社は常にドライバー不足で中高年のドライバーを確保するために定年を65歳に延長しました。しかし、「あるドライバーが糖尿病で目が悪くなり、車に乗れなくなったので62歳だが辞めてほしい」というわけです。筆者が配置転換をすすめましたが、人間関係を保てない人なので、どこも受け入れる部署がないといいます。

また、小売業Z社は役職で定年の定めが異なります。Z社はスーパーマーケットを営んでます。Z社の定年は一般社員60歳、店長62歳、エリアマネージャー65歳となっています。これは随分昔に規程を変更しました。

こう考えると、ジョブ型で職務を指定して定年延長をするという発想もありえると思います。要するに辞めてほしくない人の引き止め（リテンション）です。

採用困難職種（有資格者等）・不人気職種に従事する者は定年65歳に延長
（会社が提示する条件で合意すれば70歳以上の雇用もありえる）
会社の指定する役職の地位にある者は定年を65歳に延長

日本型雇用システムは一律に定年が決まっていることが一般的です。でも、それがそもそもおかしい。定年で一刀両断に強制退職という制度が年齢差別だという議論もあるくらいです。「不合理な差別」ではなく「合理的な区別」をするというのが労務管理の要諦です。ジョブ型給与ということは一足飛びにいきませんが、ジョブ型定年延長ならできるのではないでしょうか。

人手不足で、社会的にニーズが高いにもかかわらず、不人気・採用困難職種があります。ジョブ型定年延長という発想が世間で常識となれば、技能を身につけて、社会のニーズが高い職種につけば、65歳まで給与は下がらずに働ける、本人の意欲・能力次第で70歳、いやそれ以上も働ける、結果として生涯賃金は高くなるというメリットを訴求できると考えます。ジョブ型定年延長なら、健康であれば「定年無し」という打ち出しをする会社もあると思います。それだけ、分野によっては「とにかく人が足らない」のです。

定年延長をしても組織の若さは常に意識する

日本のアスリートの活躍が目覚ましいです。

野球、サッカー、バスケットボール、バレーボールなど２０２３年はさまざまな競技で近年にはない好成績を残したと言えます。なぜ、日本社会・日本経済が低迷に次ぐ低迷を続けるのに、アスリートの分野は世界での競争に打ち勝つ活躍が著しいのでしょうか。

それは彼らが実力のある若者だからなのですが、もう一つ大切なことがあります。彼らを差し置いて上に年配者がいない、つまり、**年配者が若者の自由な発想・センスを抑えつけない実力主義の構造があるからです。**

一方、中小企業は残念ながら、次代の会社を担う若手人材がおらず、管理職人材が育っていません。また、現場の技能工、営業マンも含めて足りません。

そして、昨今は60代・70代の年配者はまだまだお元気です。ですから年配者にまだまだ力になっていただかないといけないのです。筆者は、社会保険労務士事務所を経営していますので、どの中小企業も社員の平均年齢が増加の一途をたどっていることが手にとるようにわかります。

しかし、組織の老化は企業の競争力という点において極めて危険です。老化は物理的な年齢ではなく、過去に生きる、独善的で素直でない、リスクをとらず挑戦しない、フットワークがなくなる、言い訳だけ上手、口先だけで仕事をすることを招きます。このような年配者は必ずと言っていいほど、若手の足を引っ張り、活躍を阻害・排除し、成長の芽を摘みます。

筆者は定年延長には原則として賛成していません。クライアント企業の要望に従って、指導しているのみです。人手不足でやむを得ない会社でも、職種や幹部・キーマンのみに定年延長にとどめたいのです。逆に、老化現象がみられない有能な人材には1年単位契約で年齢にかかわらず、毎年、双方で条件を話し合いながらずっと勤めてもらえばいいと思っています。

組織を若く保つための新陳代謝の促進は社長の重要な仕事です。

スポーツの世界と同様に変化の激しい、資本主義社会の経済戦争で勝ち残るためには「若さ」と「実力主義」をないがしろにすることはできないのです。

02 「勤続重視ジョブ型」給与と退職金制度

退職金支給は義務ではありません

退職金は月例賃金とは異なり、必ずしも社員の退職時に退職金を支給しなくてはならないものではありません。しかし、退職金について就業規則などによって支給要件・金額などが明確にされている場合は、労基法上の「賃金」に該当します。

これに対し、支給が任意で、支給する場合であっても基準が不明確で、支給時の業績や会長や社長の気分次第ということであれば、「賃金」に該当しないということになります。

つまり、明文の規程がない限り、退職金の支払いは義務ではないのです。

筆者は20年以上、この仕事をしていますが、経営者から「退職金は法律で定められているものではないんですね。知りませんでした」とお聞きしたことは一度や二度ではありません。

労基法上、退職手当の定めをする場合においては、就業規則の相対的記載事項とされ、①適用される労働者の範囲、②退職手当の決定、計算及び支払いの方法、③支払い時期を就業規則に記載しなければならない、とされています。

「退職手当の定めをする場合においては…」という記載がややこしいのですが、会社で定めていないのであれば、就業規則等の規程に記載する必要がないということです。

したがって、そもそもなくても良いものなので、仮に退職金の支給の有無・要件・金額を規程化する場合でも、社長の意向に合うように、大幅な裁量の余地があると言って良いでしょう。

退職金の趣旨・目的は何か？

退職金制度は日本型賃金型システムの重要な要素となっています。

終身雇用と深くかかわる賃金の支払方法と言えます。**退職金制度は古くは明治時代より、労働の対価の一部を退職時に「後払い」することで労働者を囲い込みするための手段でした。**昨今においても、退職金制度の主要な目的の一つは、定年まで勤め上げる「長期勤続のインセンティブ」です。退職金のこの特徴は「賃金の後払い的性格」と言われています。

また、退職金制度のもう一つの主要な目的は、退職する理由（自己都合か会社都合か）、企業への貢献度によって支給額を変動させる企業への貢献へのインセンティブです。「貢献促進

的性格」があります。退職金も増えるのでより出世しよう、頑張ろうとさせるインセンティブです。

このほか、日本の賃金の歴史として日本型賃金システムの目的と同様に「生活保証的性格」があるといわれます。

上記が一般的・通説的な退職金の性格です。

ここで、筆者は「勤続重視ジョブ型」給与と整合した退職金を考えてみたいと思います。

まず、通説の「賃金の後払い的性格」は一切、否定したい。なぜなら、**これからは若手を中心に「今の貢献は今精算する（PAY FOR NOW）」ことが原則となるからです。**

逆に「当社は今の給与は貢献に比して低いけど、65歳まで勤め上げれば、長期で報われるからね」と言えば、優秀な社員からサッサと退職していくでしょう。今の自分の価値・貢献を認め、今精算してくれる会社に転職するのです。

もっとも、退職金は要らない、退職金制度を廃止するべきだということではありません。

一方、現在、退職金がない会社が退職金制度を新たにつくるべきだとも申しあげません。再三申し述べてきたようにこれからは賃金の上昇は体力・収益力のない中小企業にとって〝災害級〟です。焦点は「賃上げ」なのです。人件費配分として、賃金のほか、特に中小企業は退職金制度を充実させる余裕はないと考えるからです。

■退職金はなぜ「3年以上勤務」で払うのか？

筆者はセミナーなどで退職金制度がある会社は手を上げてもらうことがあります。その後に「勤続何年以上で支給されていますか？」とお聞きます。

そうすると、だいたい、2年～3年以上でわずかばかりだが支給するという会社が多いです。たまに勤続5年以上で払うという会社もあります。

2～3年以上でわずかばかりでも支払うという会社に対して、さらにお聞きします。「勤続3年勤務で退職する20代の人に退職金を払いたいのですか？」と。

そうすると、ほぼすべての社長が「払いたくない」とお答えになります。ある社長は「3年間は教育投資だから、3年ちょっとで辞めたら大損だ、逆に退職金をもらいたいくらいだ」とおっしゃいました。筆者はそれが社長の本音だと思います。それなら、勤続3年以上で退職金を払うという制度をやめるべきです。

筆者は退職金がある、又は見直しをしたいクライアント企業には次の条文をおすすめしています。

> 第●条　退職金は、勤続年数が10年以上かつ退職日の年齢が満35歳以上の正社員が、次に掲げる事由で退職するときに支給する。
> （以下、省略）

この条文を採用すると以下のQ&Aとなります。

人事担当者

Q　新卒22歳で入社してきました。勤続6年勤務しました。会社は大いに期待し、昇給も積極的にしてきたのですが、「この会社は未来がない」と言い残し、退職しました。退職金は支給したほうがいいですか？

筆者

A　一切支払う必要はありません。

人事担当者

Q　一定の年俸を保証し、幹部候補として入社してもらいましたが、サッパリ能力がない人物でした。５年間我慢しましたが、最後は「この会社は組織がぐちゃぐちゃだ。能力が発揮できない」と言って退職していきました。退職金を支払う必要はありますか？

筆者

A　一切支払う必要はありません。

人事担当者

Q　24歳のときに入社し、10年間勤務しました。有能な人物で将来の幹部候補として期待していました。しかし、34歳でライバル会社に引き抜かれて転職しました。10年以上勤務したから退職金は支払った方がいいですよね？

筆者

A　一切支払う必要はありません。

人事担当者

Q　新卒で入社（22歳）して、12年間勤務した社員がいます。昨年、結婚し、ご主人の転勤の都合で、34歳で退職することになりました。お人柄も大変良い人物で、およそ8ヵ月かけて完璧な引き継ぎをしてくれました。社長・会長も10年を超える勤務に感謝しています。規程では退職金は出ないですが、特別に退職金を払いたいと考えています。

筆者

A　素敵ですね！　どうぞ。

人事担当者

Q　勤続8年で40歳の社員がいます。仕事がサッパリできないので辞めていただきたいと考えています。退職金の支給対象ではありませんが、どうしましょうか？

筆者

A　規程にこだわらず、転身支援のために特別退職金を支払うべきです。退職合意書にサインをすることを条件に支払いましょう。このような会社都合のときには退職金が必要です。

35歳未満の若手には退職金ではなく、初任給と昇給、つまり給与を上げる

ある弁護士さんに、勤続10年以上というのは長すぎるし、35歳以上というのも合理性に欠けるのではないですか、と注意されたことがあります。

しかし、筆者は十分な合理性があると考えています。

人件費を削減したいのではありません。

限られた人件費を経営がうまくいくように有効に配分したいのです。かねてより申しあげているように若手の初任給をはじめ、若手の給与相場が高騰していきます。そして、日本型賃金システムが崩れ、若い人は勤め上げて我慢するのではなく、今の貢献は今精算される（ＰＡＹ ＦＯＲ ＮＯＷ）を望むのです。だから退職金は無しか極少にして、今の給与を底上げするのです。

77ページの図表を再度ご覧ください。

初任給が引き上がり、昇給も上がっていくため若い頃の給与水準が上がっています。

膨らんだ青いマーキングで囲まれた面積の部分の原資をどこからか捻出しないといけません。

その一部を退職金（積立）からまわすのは理に適っていると思います。

35歳未満というのはまだまだ、受け入れ企業は若手として歓迎しますので、転職が容易です。

在職中に次のところを決めて転職すること多々あります。

そこに退職金を数十万円でも出すとそれはさらなる「転職の奨励」ではないでしょうか。また、もらったほうも「ラッキー！」くらいにしか思っていません。

わずかばかりだと言う社長もいますが、そのわずかな金額であったとしても、辞めずに頑張って貢献している人たちにできるだけ分配する原資だと思います。

長年勤めてくれた幹部・功労者には今まで以上に大きくはずむ

「勤続重視ジョブ型」給与は勤続30年も40年も勤務することは原則として想定していません。それを想定することが今の若い人の勤労観から現実的ではないからです。「勤続重視ジョブ型」給与での想定は**10年間の勤務**です。そして、この10年の間にいろんな人がいろんなことを言って退職していくはずです。

「社長の考え方にはついていけない」

「この会社では夢が描けない」「この会社は〝先が見えない〟」

「この会社では成長できない」「この会社では〝先が見えた〟」

「あのリーダーの元では働けない」「部署を変えてほしい」

「給与がたった５０００円しか上がらないのが不満だ」「賞与が昨年より減ったのは納得できない」「有給休暇・長期休暇がとりにくい」「残業が多すぎて嫌だ」「残業が少なすぎて嫌だ」

と言って、多くの社員が中小企業を去っていきます。筆者も中小企業のオーナー社長の端くれですので、悔しい思いをしてきました。でも、その中でも、我慢してついてきてくれた社員たちがいます。命の次に大切な人生の時間、職場での時間を捧げてくれた社員がいるのです。

辞めてほしくない社員が辞める、社長（自分自身）の力不足で社員を守れずに退職してしまう、信頼していた社員の不正行為が発覚し、退職させざるを得なくなる…。人の採用・定着の苦労は経験した人でなければその辛さはわかりません。

したがって、歯を食いしばってついてきてくれた、真面目な幹部・功労者に、退職金として今まで以上に大きく報いる制度というのは悪くないはずです。

そのためには、勤続10年未満や35歳未満でコロコロと入れ替わるたびにチョロチョロ出ていくお金の蛇口を防ぐ。そして、しっかり稼ぎ、資金をプールして、少ない人数で分け前を本当に功労のある人でたっぷり分けるのです。

退職金の積立方法を見直しなさい

「勤続重視ジョブ型」においても一定の勤続は奨励したい。それは10年程度です。これからは20年、30年はレアケースとして整理します。

しかし、多くの人が転職していく中で、長期勤続し、幹部として功労があった人には報いていきたいと考えています。もちろん、これらの功労者にも今の貢献は今報いていくという（P

AY FOR NOW）の考え方は同様です。それを前提にさらにその功労に報いるものです。

大きな方針は

> ①　勤続10年未満又は35歳未満での退職は冷遇（支給無し）
>
> ②　勤続20年以上の功労者は今まで以上に厚遇

上記のように、退職金の支給金額決定方法が変わると、退職金の積立方法も変更する必要があります。従来なら、入社してすぐに福利厚生として養老保険（生命保険）に加入したり、勤続2年程度で中小企業退職金共済に加入します。また、企業年金でつみたてるなども一般的です。

中小企業退職員共済は退職金規程により、いかようにでも積立時期は変更することが可能です。ただし、規程を無視して一方的に、恣意的に掛け金を会社が掛けたり、掛けなかったり、又は本人の承諾なく下げたりすることはできません。

また、退職金積み立ての手段として養老保険（生命保険）に加入している会社も多くあります。生命保険のメリットは会社がいつでも自由に解約でき、その解約金は会社にいったん入るため、経営が苦しいときの補填資金になります。経営が安定すれば再度入り直すことも可能です。

しかし、養老保険（生命保険）は全員加入が原則です。加入漏れがあれば掛け金の半分は損金として認められません。

筆者が言う、「退職金は10年以上勤務」を規程上の支給条件としていても、勤続10年目から掛け金をかけるなどはまず認められません。

この保険は本来福利厚生の制度です。積立＋死亡保障の趣旨があります。死亡保障なら掛け捨で安価な総合福祉団体定期保険や業務災害に特化した損害保険にて設計するほうが保険効率の面で良いという判断もありえます。

言い換えると、養老保険（生命保険）は貯蓄部分の掛け金が大半を占めており、早期に退職・解約となった場合の解約損が大きいので極めて非効率といえるのです。

若い社員が入社して、3年以内にコロコロ入れ替わる会社などは最も不向きです。今後、労働移動が活発となり、勤続10年未満で転職が普通になると、果たして退職金の積立制度としての養老保険（生命保険）が最適かどうかは検討の余地があると思います。

そこで、筆者がおすすめしているのが、絶対に自己都合退職をしない社長又はそのお身内の役員の体をお借りして役員保険（生命保険）に加入し、その積み立てられた資金を、退職者発生のたびに取り崩すという方法です。

たしかに、現在の役員保険（生命保険）の損金性は以前と比べて随分と劣ります。

しかし、その「自在性」「柔軟性」「社長の生命保険機能」を同時に実現できる点から、損金性を差し置いても一考に値します。

ただし、デメリットとして加入後5年程度は解約による損が養老保険同様に大きいため、5年超経過後の退職者を念頭においた設計が望ましいと言えます。

もっとも、筆者が提案する退職金制度は5年以下の退職者に対する資金手当は必要ありませんので、この意味でも問題ないと考えています。

もちろん、まずは一部の長期勤続者に限るなら、「そもそも退職金の積み立ては必要か？」という議論から始めることはいうまでもないことを付け加えておきます。

03

65歳以降の雇用と賃金問題

昨今、65歳定年延長に加えて、「65歳以降の賃金の決め方を相談したい」というご依頼もしばしばいただくようになりました。すでに申しあげた通り、65歳以上の雇用は企業にとって義務ではなく、努力義務に過ぎません。

筆者は65歳以降の社員については「年金併用型賃金」でお願いしたいと考えています。つまり、65歳以降の賃金は大幅に下げて「賃金＋年金」で生活していただきます。一昔まえの60歳以降の雇用のイメージです。

65歳以降、老齢厚生年金＋老齢基礎年金が満額で支給されます。しかし、会社から給与や賞与を支給すると年金が減額されるルールがあります。できるだけ、年金の支給停止がないように会社は給与・賞与を支給するということです。

（65歳以降の老齢年金のルール）

① 60～65歳の加入期間と国民年金の加入期間が加えられ、増額されます。

② 在職老齢年金の計算方法は以下です。

ア）老齢基礎年金は（給与の多寡にかかわらず）全額支給されます。

イ）老齢厚生年金は社会保険の報酬により（給与の多寡により）減額される場合があります。

i．老齢厚生年金（報酬比例部分）＋標準報酬月額＋以前1年間の賞与÷12≦48万円の場合は全額支給。

ii．上記の額が48万円を超えた場合は超えた額の2分の1が減額されます。

（2023年12月現在）

65歳以上の月給については新卒初任給と同額でどうかと思っています。

そのほか、賞与は夏・冬1ヵ月分程度支給するイメージです。より高い貢献が認められたらもっと支給してもいいでしょう。時間外労働はしないでしょうから、たとえば、以下のようなイメージです。

給与が22万円　夏22万円（1ヵ月分）　冬22万円（1ヵ月分）　合計３０８万円

通勤手当が月額1万円なら３２０万円程度となります。

仮に老齢厚生年金が年間１２２万円、老齢基礎年金が年間78万円で年金の合計が年間２００万円としたら、年間５２０万円程度の収入があることになります。

労働契約は半年から1年単位契約で、会社と本人が労働条件面で合意する限り、ずっと継続してもらったらどうかと思います。フルタイムから徐々にパートタイムにしていくこともできます。70歳などの年齢を区切る必要もないでしょう。

中小企業の最大の福利厚生とは何か？　それは本人のやる気と能力があり、健康である限り、年齢にかかわらず、長く働けることではないでしょうか。それも、気心のしれた仲間のいる職場で、得意な、慣れた仕事を継続することができます。筆者のクライアントでも70歳を超えて元気で働いている方がたくさんおられます。

ちなみに大手企業の定年再雇用後は、それが叶わないことが多いのではないかと思います。

第6章

新時代のパート従業員の賃金管理

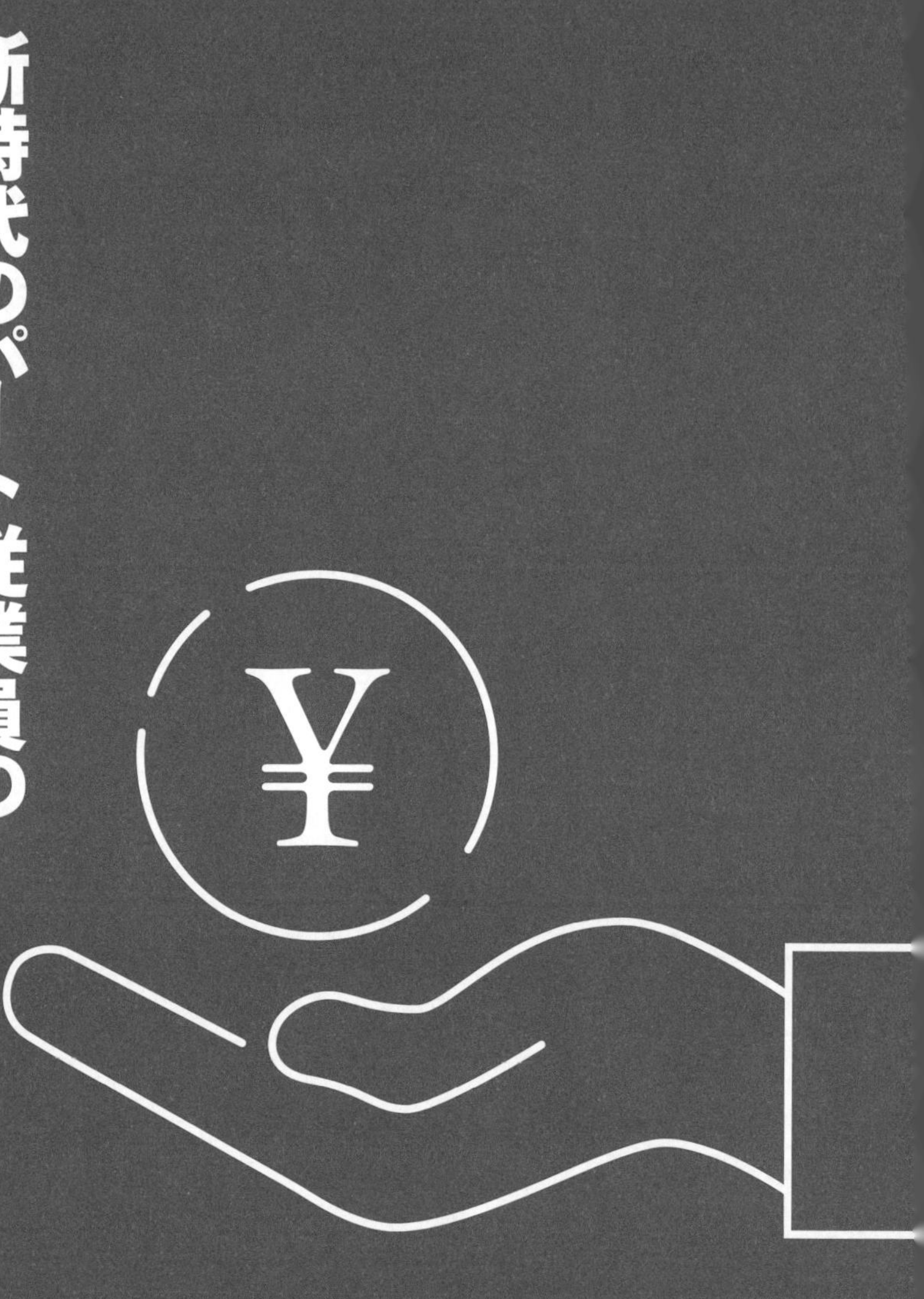

01 正社員以上に激変するパート従業員の労務管理

週20時間以上勤務パート従業員の全従業員加入時代へ

週20時間以上勤務者のパート従業員の社会保険加入義務が拡大されています。この社会保険とは狭義の社会保険、つまり健康保険・厚生年金保険・介護保険をいいます。

現状、会社規模でいえば、２０２２年～従業員数１０１人以上、２０２４年10月～は従業員数51人以上の企業が対象です。

さらに、厚生労働省は２０２５年以降、企業の人数要件を撤廃し、中小零細企業も含め加入義務を拡大する方針を打ち出しています。なお、この「従業員数」は原則としてフルタイム従業員ですが、週所定労働時間がフルタイムの４分の３以上の従業員も含めた人数をいいます。

ちなみに週20時間以上勤務のパート従業員の加入対象者は以下の要件をすべて満たす従業員

をいいます。

□　週の所定労働時間数が20時間以上
□　月額賃金が８・８万円以上
（残業代、精皆勤手当、家族手当、通勤手当、一時金等は含まれない）
□　２ヵ月を超える雇用の見込みがある
□　学生ではない

年収「１０６万円の壁」と表現されますが、このような基準を定めた法律の定めがありません。上記の要件の一つに「月額賃金８・８万円×12ヵ月≒１０６万円」となるので、年間「１０６万円」という数字が基準として提示されていることになります。

ちなみに、「１３０万円の壁」ということが言われますが、これは社会保険（健康保険・厚生年金保険）の被扶養者として認められる基準です。

パート従業員には学生、主婦、フリーター、留学生などさまざまな類型がありますが、話をわかりやすくするために、このパートタイマーを「パート主婦」としてイメージしてください。

パート主婦となると、さらに「１０３万円の壁」というものが登場します。

これはパート主婦本人・夫の所得税や社会保険料というよりも、夫の会社の家族手当の支給要件になっていることが多い基準です。１０３万円というのは所得税上、配偶者の所得からの一定の控除が受けられる基準です。この基準をもって、家族手当の扶養の範囲とし、家族手当（配偶者手当）を支給している会社がまだ多いです。

次いで「１３０万円」（社会保険の被扶養者の認定基準）を扶養の範囲とし、家族手当を支給しているところが多いと言えます。

要するに「壁」だらけで労務管理が複雑怪奇になっているのが、このパート従業員の賃金管理の分野です。企業にとっても、働くパートタイマーにとっても本当にわかりにくくお気の毒だと思います。

パート主婦の大きな3つの壁

１０３万円の壁＝ご主人の家族手当不支給の可能性がある

１０６万円の壁＝主婦パート自身が社会保険単独加入→手取大幅減

１３０万円の壁＝

①　１０６万円を超えてお勤めの会社で社会保険に加入しなかったとしても、これを超えるとご主人の健康保険・厚生年金保険の被扶養者から外れる　↓　主婦パート自身が何らかの社会保険単独加入がせまられる

②　この基準をもってご主人の家族手当不支給の可能性もある

今、労務コストより人手不足の解消が優先

昭和、平成までは、主婦パートの労務管理はまずは「年収１０３万円以下とすること」又は「年収１３０万円未満とすること」と「勤務時間を週30時間未満とすること」の2点が大切でした。

日本型賃金システムが機能していれば、男性の給与がドンドン年功で上がっていったので、パート主婦は家計の補助的な稼ぎで良かったのです。また、人口構造上、パート主婦の労働力の供給も潤沢に行われていたと言えます。

しかし、昨今はそのような簡単な方針では立ち行かなくなりました。理由は3つあります。

① 今後、原則すべての会社に週20時間以上のパートタイマーは社会保険の加入を義務付けられるようになること
② 最低賃金上昇により、すべてのパートタイマーの時間給が、毎年上昇の一途をたどること
③ そもそもパート主婦を中心に、良質なパート従業員が深刻な人手不足であること

こうなると、週20時間未満に勤務を抑えて、社会保険に加入させないという労務政策は労働力確保の面で極めて不都合となります。

有能なパートタイマーは常に不足するので、高めの初任給を提示し、昇給もしっかり行い、できるだけ長い時間勤務していただくような労務政策をどの企業もとってくるはずです。

現に筆者のクライアント企業はいかにパート主婦に長い時間働いていただくかに知恵を絞っています。

大手企業を中心に、今働いてくれている目の前の有能な主婦パートの●●さんに、「もっと働いたらお得ですよ」というさまざまインセンティブを打ち出しているというわけです。

中小企業はもちろんのこと、大手企業・役所も労働力に困っています。ほぼ全員、社会保険加入となるなら、「壁だらけ」の現状の制度下であっても、確実に待遇・賃上げ競争になります。中小企業がパート従業員（特に主婦パート）を確保するのは益々大変な時代になると思います。

人を使って利益を出す仕組みの転換まで促される大きな経営課題となります。

もう、パート従業員の低賃金時代は終了

最低賃金が１５００円になるということは、正社員と時間給が同じになるということです。さらに、週20時間以上の勤務のパート従業員は原則全員社会保険加入となるのです。もう、パート従業員が低賃金であった時代は終了です。

２０２３年は過去最大の最低賃金の引き上げ幅でした。昇給率が全国加重平均で４・３％です。このペース以上で最低賃金が上がり続けるでしょう。力のある大手企業はパート従業員の人手不足を解消するためには最低５％以上の賃上げで挑んでくるはずです。

さらにこの急激に上昇するパート時間給に社会保険料がかかってくるということになります。

詳しくはコラム「社会保険料倒産が現実に」（２７３ページ）をご参照ください。

【最低賃金が毎年4.3%（2023年並）ずつ、上がっていく場合】

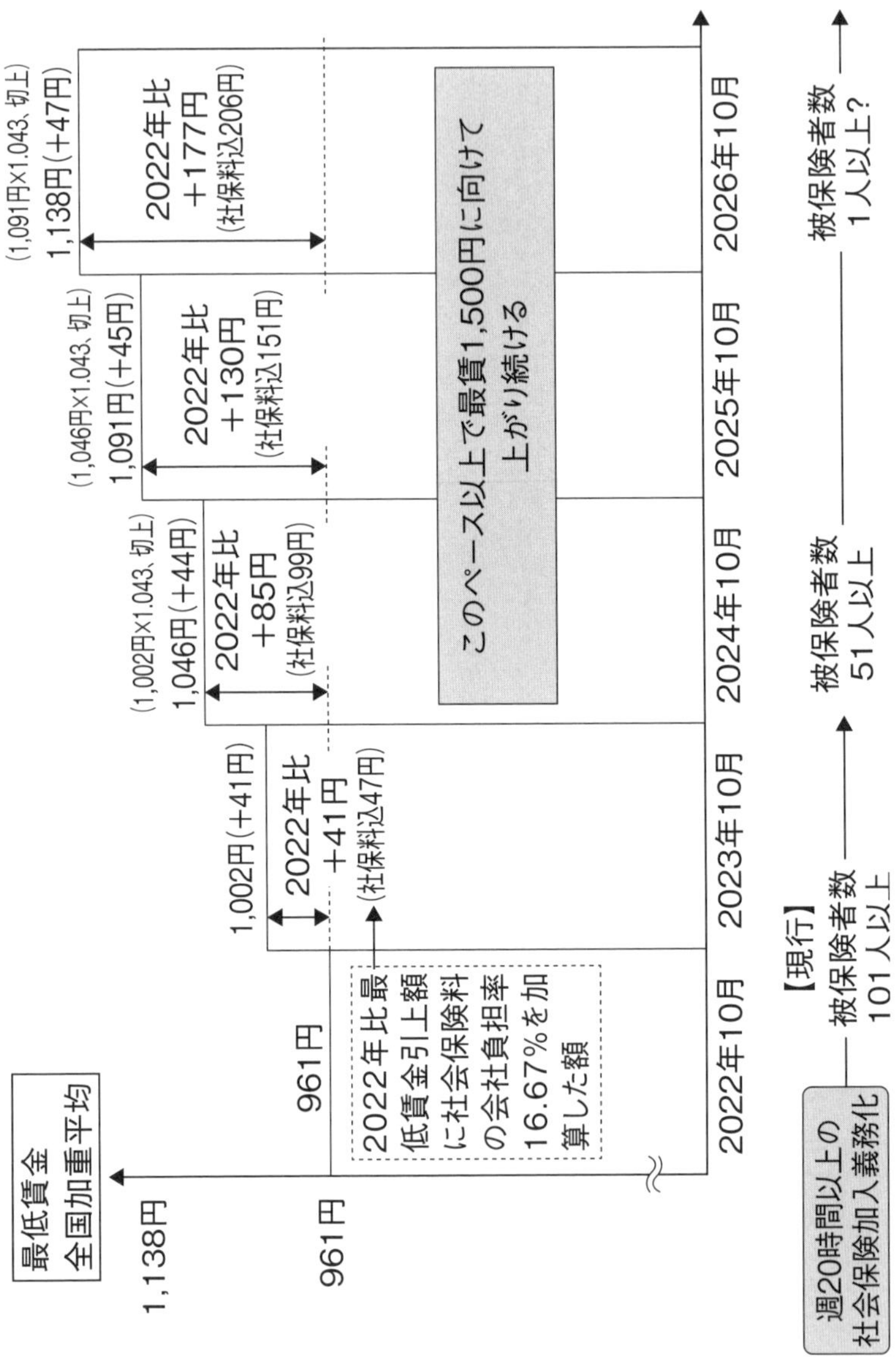

最近、よく社長との議論になることはこのパート従業員だけでなく、いわゆる「総合職」と「一般職」という正社員の雇用管理区分である「一般職」の取り扱いです。

ご存知の通り、一般職とは、総合職のサポートを中心に行う職群です。

電話応対、来客対応、書類作成、ファイリングなど比較的、簡単な業務で範囲が限定されているのが特徴です。日本型賃金システムではこのような業務はパート従業員とともに、一般職という「安い正社員」、現実的には「女性」が行うという特徴がありました。

しかし、多くの社長と対話していると、労務コストとあわないので、**一般職にも総合職的な仕事をさせることが多くなった**といいます。そして、ＩＴ投資・省力化投資により、従来、一般職がやっていった仕事は徐々になくなっていくだろうと予想されています。

この方向性はパート従業員にも妥当します。できるだけ人にやらせる仕事を減らす、そして、パート従業員は補助的・簡易的な業務をやるのではなく、いわゆる正社員と同等の仕事をする勤務時間が短い人と位置づけるのです。

ちなみに、パート従業員にも育児休業・介護休業なども原則としてあります。

当然、年次有給休暇もあります。年次有給休暇は正社員のような「忖度」がないのでバンバン取得しているパート従業員も多いのではないかと思います。

02 「勤続重視ジョブ型」給与の「短時間社員」という概念

「短時間社員（時間給社員）」と「正社員」との時間給は同じ

かつて日本の総理大臣が「非正規という言葉をこの国から一掃する」という発言をしていました。ただ、正社員と非正規社員という言葉はわかったようでわからない言葉です。

日本は能力主義なので、職務内容が明確ではありません。結果として、非正規社員並の簡易な作業しかできない正社員もいれば、正社員以上のレベルの高い仕事をしている非正規社員もいたりします。

政府も非正規の待遇差別改善に乗り出しているのはご存知の通りです。

同一労働同一賃金関連法の施行です。同関連法が定める目的は短時間雇用や有期雇用ということを理由に、不合理な待遇差別を禁止することです。**欧米はジョブ型雇用社会なので、区分はフルタイム・パートタイム、無期と有期のみだといいます。**つまり、正規と非正規という区別は原則ありません。

日本政府もそれを目指しています。

筆者はパート従業員を「短時間社員」として位置づけて正社員と同様の仕事をやってもらうことを推奨しています。短時間社員ですから、賞与や退職金も金額等の多寡はさておき、一応あるということです。

「勤続重視ジョブ型」給与では、正規と非正規の区分をしません。グレード内で同様の役割・職務を果たしていただきます。

違うのは時間給制であることと、労働時間が短いことだけです。

話をわかりやすくするために「正社員」という言葉の使用は継続しますが、この「正社員」（フルタイムを想定）と「短時間社員」では同一グレードで求める仕事内容が同じ・成果も同じであれば時間給も同じです。

「勤続重視ジョブ型」給与を時間給換算するだけ

「勤続重視ジョブ型」給与を「短時間社員」版に置き換えると以下のようになります。仮に月間平均所定労働時間を１７０時間とします。

【範囲職務給　グレード　例】

（正社員）

グレード		基本給	
		下限	上限
3	管理職層	270,000	400,000
2	監督職層	230,000	300,000
1	実務職層	195,000	270,000

時間給換算

（短時間社員）

グレード	基本給（時間給）	
	下限	上限
3	―	―
2	1,352	1,764
1	1,147	1,588

【役職手当　例】

（正社員）

	係長
	役職手当
Ⅰ	10,000
Ⅱ	15,000
Ⅲ	20,000
Ⅳ	25,000
Ⅴ	30,000

主任
役職手当
5,000

時間給換算 ↓

（短時間社員）

	係長
	役職手当（時間給）
Ⅰ	58
Ⅱ	88
Ⅲ	117
Ⅳ	147
Ⅴ	176

主任
役職手当（時間給）
29

ライフステージや本人の状況に変化に応じて、徐々に時間を伸ばしていただければ、自然に月給の正社員と同じ給与になります。

上記事例ではグレード3が空白になっています。

実は存在しないということではなく、中小企業では特に優秀な女性が管理職になることも増えると考えています。建前上、時間給ではないですし、そのときの状況で社長と当該女性管理職が信頼関係をベースに個別に給与を決めるほかないと考えています。

クライアント企業から「時短の女性社員に管理職を任せていいか？」と相談があったことがあります。筆者はドンドン任せればいいと思っています。有能な女性社員は一定の配慮・サポートがあれば役割を全うできます。逆にそれを否定していては管理職候補が一切いないというのが中小企業の実態です。

賞与については、社会保険に加入していれば収入の制限はありません。したがって、時間按分でも構いません。実績に応じて支給することになります。

くれぐれも短時間勤務というだけで賞与は無しという昭和的な発想はおやめください。

もっとも、筆者は週20時間以上の社会保険加入者のみ、賞与が支給されるということは何ら問題ないと考えています。なぜなら、社会保険に単独加入すると、それにより大幅に手取りが減る可能性があります。

それを補填するために賞与を払うというのは理に適っています。社会保険加入者にのみ賞与を支給すれば、いわゆる「１０６万円の壁」を超えてでも、手取りが減額又は微増にとどまるような事態を少しでも緩和できるということです。

03 今後、想定される労務構成の変化

人員数を少なくとも10%以上減らし、給与を10%以上引き上げる

クライアンと企業の依頼を受けて、人件費予算をたてる支援をさせていただくことがあります。最低賃金の上昇、パート従業員の社会保険加入拡大、初任給の高騰、若年者の給与相場高騰、社会保険料率の増加、賃上げ機運…。

こういった事態にどこからお金を捻出していいのか困り果てます。

特に昭和の時代からパート従業員を上手に使って、安上がりの組織をつくっていた会社は大変です。強みが弱みに転嫁してしまうのです。

今、中小企業は経費の大半を占める労務コストの上昇にあえいでいます。

先に昨今の労務コストの急増は「災害級」だと述べた通りです。

財務と労務を考えたときに、結局は「頭数」つまり、人員数の問題に行き着きます。給与を上げるためには労働生産性（付加価値÷人数又は時間）を高める必要があります。しかし、労務コストが増加の一途をたどるなか、人を増やして付加価値を高めることは極めて困難になりつつあるからです。

したがって、人員数を少なくとも10％以上減らし、給与を10％以上、上げることを前提にしなければ企業は立ち行かなくなります。

【想定される労務構成の変化（例）】

今まで：従業員３００人（正社員50人、パート２５０人）

※社保加入１２０人（週30時間以上）

（売上・利益が増えても）

今　後：従業員２７０人（正社員40人、短時間社員１５０人、パート80人）

※社保加入　１９０人（週20時間以上）

（例1）事務職で1つのデスク又は業務に午前と午後に違うパート従業員が勤務する。

午前：パート従業員A（3時間45分以内）	午後：パート従業員B（3時間45分以内）

（例２）小売店や飲食店で営業時間が長い場合は、午前、午後、夕方の繁忙時間帯のみに違うパート従業員が勤める。

午前：パート従業員A（3時間45分以内）	午後：パート従業員B（3時間45分以内）	夕方：パート従業員C（3時間45分以内）

社保加入対象外のパート従業員も上手に使う

パート従業員を「短時間社員」して取り扱い、従来の正社員並の仕事をさせなさい、と申しあげてきました。しかし、「私はパートなので、パートとして、責任を持たず気楽に働きたい」という層も一定程度は当然存在します。

特に子育て真っ最中などであればそうでしょう。人手不足の昨今においてはこのような方々のお力も当然必要です。

この場合、週20時間未満の勤務を死守する契約形態となります。上表は社保未加入者の短時間パート従業員採用の事例です。

また、学生は週20時間以上勤務であって適用対象外なので、

（例3）週30時間未満の学生採用

などが考えられます。以上のように柔軟に雇用の隙間を埋

めてもらいます。特に土日・早朝又は夕方以降は人が足りなくなる小売・飲食・サービス業では、この間、比較的、高めの時間給をはずむことになります。要するに働く人のニーズのあわせた雇用形態・労働条件を提示し、上手に人をやりくりしていくほかはないということです。

04 業務委託者の活用はリスクがある

「外注」「業務委託」がパート従業員に次いで中小企業では活用されることが少なくありません。

社会保険加入を忌避してかどうかわかりませんが、実態は労働契約にもかかわらず、業務委託契約や請負契約と称して働いている人がかなりの数に登ると推察します。

適正な業務委託者かどうかの判断にあたっては、本当に労働者ではないのか、労働者性をチェックすることになります。労働者性（使用従属性）の判断要素として以下のようなものがあります。このような法律があるわけではなく、以下の諸要素を総合的に考慮して判断することになります。

①　仕事の依頼、業務の指示等に対する諾否の自由の有無
②　業務の内容及び遂行方法に対する指揮命令の有無
③　勤務場所・時間についての指定・管理の有無
④　労務提供の代替可能性の有無（例：業務受託者の従業員でもよいか）
⑤　報酬の労働対償性
⑥　事業者性の有無（機械や器具の所有や負担関係や報酬の額など）
⑦　専属性の程度
⑧　公租公課の負担（源泉徴収や社会保険料の控除の有無）

たしかに、実態のある業務委託は、残業代の支払いが不要、社会保険料の負担が不要、必要なときに必要な期間に業務委託できる等のメリットがあります。

この気軽さと使用される人は手取りが増えるのでお互いの委託者・受託者双方の利害が合致します。

しかし、上記の基準に照らして実態は労働者であると判断せざるを得ない人が中小企業には少なからず存在しています。特に元従業員を業務委託契約にして従前と同じ仕事をさせているのに業務委託というのはかなり無理があると考えています。

また、同じ仕事をしているAさんが労働契約である一方、Bさんは業務委託契約というのも合理的な説明が難しいです。上記の労働者性というのは契約内容ではなく、労務提供の実態で判断されるからです。

また、業務委託契約や請負契約の個人事業主が、実態として労働者（従業員）と判断された場合、とても厄介なことになります。具体的には以下のようなリスクがあります。実際に筆者はご相談案件としてほぼすべて遭遇していると言って過言ではありません。

(1) 労災による死傷リスク

契約上、業務委託の形をとっていても、その個人事業主の過労死等の労災認定や業務上・通勤途上での業務傷害が発生した場合、遺族（又は家族）が実態は業務委託ではなく従業員であったとして損害賠償を請求・訴訟となる可能性があります。

(2) サービス残業代請求

過去3年遡及して所定時間外労働や休日出勤等の未払い残業代を請求される可能性があります。

(3) 過労死等の損害賠償

月80時間超の残業で過労死認定され、月60時間超でも過労死や重度の障害が残った場合等に民事上の損害賠償を請求される可能性があります。この場合、会社は健康診断をしていない、労災事故発生防止の措置をとっていないものです。ですので、従業員（受託者）の安全の確保に必要な配慮を怠ったとしてその賠償額が大きくなる可能性があります。

(4) 不当解雇又は不当な雇い止め

一方的な業務委託契約の打ち切りは、不当解雇や不当な雇い止めと同視され損害賠償請求される可能性があります。

(5) 使用者責任の損害賠償

業務受託者が業務上で第三者に損害を与えた場合、第三者から会社に損害賠償請求される可能性があります。この業務委託者に資力があればいいのですが、ないケースがほとんどなので会社に請求がきます。

(6) 社会保険料・源泉所得税

これらがすべて徴収漏れとなるのですから、過去に遡って徴収となる可能性があります。

以上の通り、業務委託者・個人事業主が一転して、「労働者」であるという実態が判明するととても大変です。そうなると、歯車がすべて逆転し、会社が大きな責任を負うことになってしまうのです。筆者は社会保険料が激増すると、この「なんちゃって業務委託」が激増するのではないかと心配しています。

従業員の負担分＝⑦－会社のみの負担分（④⑥の全額＋⑤のうち0.3(2010年～2015、2022年・2023年は0.35)　　単位：％

保険名	2009年	2013年	2016年	2017年	2021年	2022年	2023年
①健康保険料（全国平均）	4.10	5.00	5.00	5.00	5.00	5.00	5.00
②介護保険料	0.595	0.775	0.79	0.825	0.90	0.82	0.91
③厚生年金保険料	7.852	8.560	9.091	9.15	9.15	9.15	9.15
④子ども・子育て拠出金	0.13	0.15	0.20	0.23	0.36	0.36	0.36
⑤雇用保険料	0.70	0.85	0.70	0.60	0.60	0.65	0.95
⑥労災保険料	0.30	0.30	0.30	0.30	0.30	0.30	0.30
⑦会社負担合計	13.677	15.635	16.081	16.105	16.310	16.280	16.670
⑧従業員負担合計	12.947	14.835	15.281	15.275	15.350	15.320	15.660
⑨会社・従業員負担合計	26.624	30.470	31.362	31.380	31.660	31.600	32.330

業務委託者契約＝業務の遂行自体に報酬が一定期間支払われる。

[例]クリーニング業の配送業務、システム機器のメンテナンス業務、日常の事務処理業務

請負契約＝仕事の完成に対して報酬が支払われる。
[例]システム開発、物品の製造・加工、建築工事下請

コラム

社会保険料倒産が現実に

社会保険加入者には賃金・賞与等の一時金に対して社会保険料が徴収されます。日本人は所得税・法人税などの増税には大騒ぎします。しかし、この社会保険料の増加にはあまり意識がないように見えます。社会保険料は企業経営にとって、働く社員にとっても「最大の税金」であるにもかかわらずです。

筆者は中小企業の後継社長向けの講座に登壇させていただくことがありますが、「皆さん、社会保険料率はいくらかご存じですか?」と聞いて正確に答えられるのは20人に１人くらいです。

過去から現在を振り返ってみると、上記の通り、合計（法定福利費）で、２００９年比21・４％の大幅増加となっています。２０２３年においては会社負担合計「16・67％」となっています。

協会けんぽは２０１０年に健康保険料の上限を10％から12％に引き上げることができる健康保険法改正を行っています。

２０１６年に13％に引き上げることができる改正も行われています。

超高速・超高齢社会において医療費や介護費が急増します。健康保険・介護保険料は間違いなく上記の上限まで上がってくるものと推察されます。

そして、中小企業経営において、**倒産の一歩がこの社会保険料の「滞納」**です。社会保険料は人を雇用し、賃金を払っていると利益に関係なく課されるものです。一度、滞納すると、毎月納付すべきものですから、まさに「雪だるま」式に滞納額が膨れ上がるのです。

当然、納めるべき社会保険料を納めないと年金事務所から取り立てにあいます。筆者も何度も立ち会いましたが、本当に辛いものです。

年金事務所がその気になれば直ちに、その企業が保有している債権の差し押さえがなされます。具体的には預金債権、売掛債権です。また、年金事務所が回収の見込みなしと判断すれば比較的簡単に差し押さえ通知が来るという印象を持っています。

以前、業績が悪化し、社会保険料を滞納していたいクライアントY社がありました。Y社の社長は毎月現金を持参し、少しずつは納めていたのですが、なかなか返済しきれません。そうこうするうちに年金事務所は回収の見込み無し、と判断したのです。

年金事務所は直ちにY社の大口得意先に売掛債権の差し押さえ通知を出しました。

それにより、大騒ぎになり、取引きが一時停止になりました。

あの手、この手で倒産は免れたのですが、生きた心地がしませんでした。

実は、このようなケースは一度や二度の経験ではありません。

社会保険料の滞納は、倒産という地獄の道につながります。社員を雇用する、賃金を上げる、そこに毎年増加の一途をたどる社会保険料も併わせて上がっていくということを十分に認識していただきたいと考えています。つまり、**賃金増と社会保険料増はセットであるということで**す。人を使って利益をたたき出すというのは本当に大変なことなのです。

第7章

「勤続重視ジョブ型」給与の人事評価

01

「ジョブ型」は客観的・合理的な成果・評価に結びつくのか？

欧米のジョブ型のいいとこどりをして、日本に取り入れることで悩ましい人事評価の問題も解決する、そんな風潮があります。

しかし、ジョブ型とはそのようなものではありません。ジョブ型であれば、職務記述書（ジョブディスクリプション）で職務を定義し、成果基準を明確にするという印象があります。しかしながら、実情は異なります。

実は、欧米も詳細で精緻な人事評価制度をこねくりまわすようなことはしていません。

欧米のジョブ型雇用における人事評価表のサンプルをいくつか見せていただきましたが、そのシンプルさに驚きました。

日本の人事評価表が最も文字や数字が多く、複雑怪奇なのです。

つまり、ジョブ型を導入すると客観的基準が明確になり、成果が明確になり、成果主義が機能するようになるというのは誤解です。逆に欧米のジョブ型雇用では成果による評価で給与や賞与を変動させるという日本のような難題に取り組んではいません。

02 「勤続重視ジョブ型」給与ほど評価は抽象的で良い

人事評価表は要らない

先に述べたように「勤続重視ジョブ型」給与の評価段階は5段階でした。

この5段階の情報が、社長・役員に一定の信ぴょう性を持って上がってくればいいわけです。処理の都合上、５４３２１と点数をふってみました。

後は人事評価の観点ですが、筆者は「成果」と「行動（勤務態度）」の2軸でまずはいいと考えています。この「成果」と「行動（勤務態度）」をそれぞれ3分類します。「能力」という項目は「能力」があれば「成果」に結びつくでしょうから、「成果」で評価します。「能力」そのものは目に見えず、曖昧だからです。

【勤続重視ジョブ型　給与の評価段階】

評価	とても優秀	優秀	標準	もう一踏ん張り	問題あり
	5	4	3	2	1

【人事評価項目と着眼点　例】

評価項目		着眼点
成果		仕事は正確か、出来栄えは良いか、期限を守っているか（質） 仕事の能率は良いか、スピードは早いか（量）
行動	協調性	組織の一員として周囲と調和を守ったか 他人の仕事でも進んで手助けしたか
	積極性	成果の質的・量的拡大、改善提案への取り組み 新しい仕事も進んでチャレンジしたか
	責任性	自分の任務に責任を持って最後まで努力したか 自分の責任回避・転嫁はなかったか
	規律性	職場のルールや服務規律をしっかり守ったか 社会人の常識・マナーを心得て、守っていたか

ちなみに「協調性」「積極性」「責任性」「規律性」を行動評価の4要素といいます。部下のいる場合、「部下指導」や「マネジメント」という項目を加えても良いでしょう。「協調性」は「チームワーク」、「積極性」は「チャレンジ」などと表現は変わることはあります。筆者はこの4要素を会社なりに定義して記述すれば良いと思ってます。

成果・行動ともに「良い」「普通」「悪い」の3段階です。

たとえば、仕事ができて、成果が「良い」場合でも、協調性がなく周囲と衝突ばかりする場合、行動は「悪い」になります。

そうなると、マトリクスの交点では「3点」となります。

筆者はジョブ型だ、成果だとは言いながら、行動や態度の評価を重視する傾向がまだまだ根強いと考えています。人の能力など大した差がありません。

中小企業における労働生産性はその人の素直さをベースにした「勤務態度」が決めると言い切っても良いのです。人事評価表はありません。そのかわり管理職（評価者）用の「評価報告書」があります。

「評価報告書」の一例を紹介します。

【成果と行動の２軸　５点満点を決めるマトリクス】

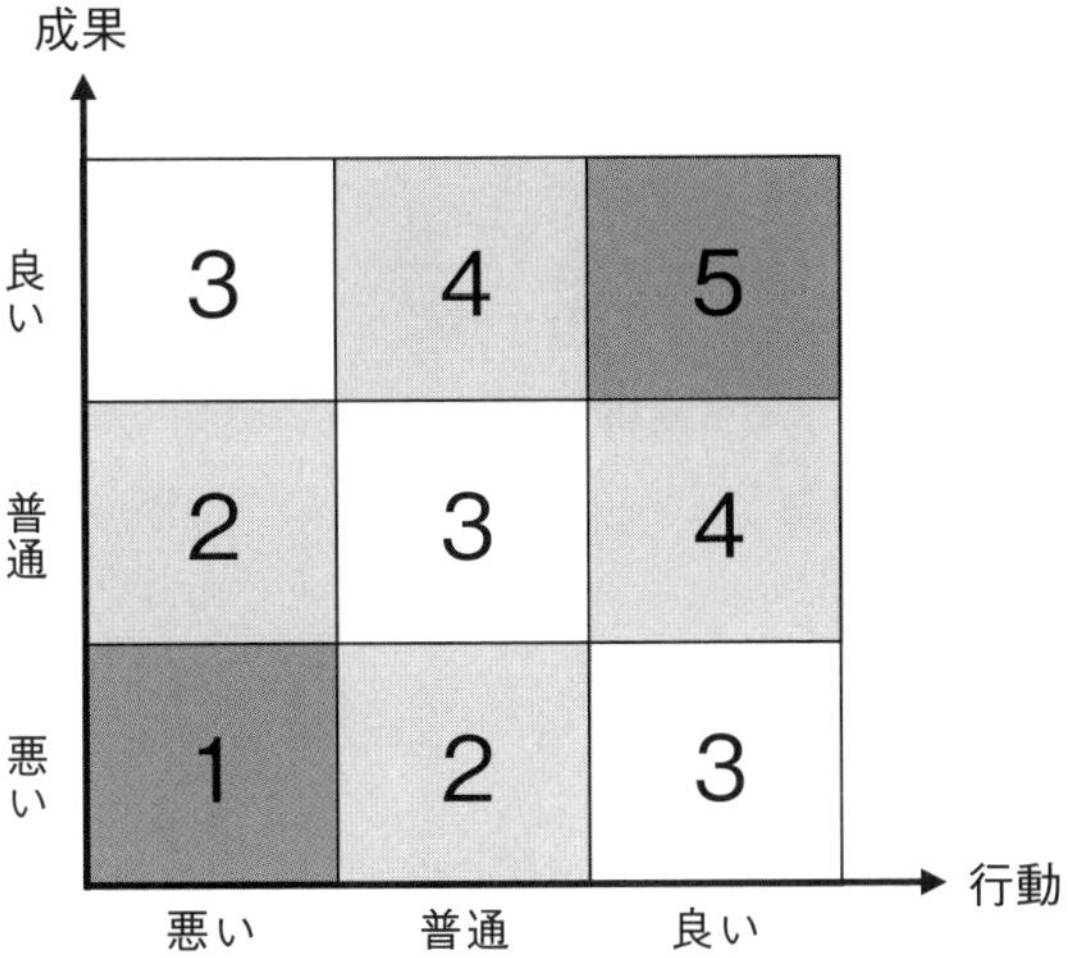

【○○部評価報告書】

評価者　役職課長

	成果	行動	総合	理　由
田中智則	良い	普通	4	仕事はとてもできる。ただ、自分のことだけではなく、周囲を見渡しサポートしてほしい。
岸田亜美	普通	普通	3	
本郷　聡	悪い	普通	2	勤務年数の割にミスが多い。今の仕事は向いていないかも。
・・・・				
・・・・				

会社によっては、部門毎に相対バランスを部門長がとって役員に報告することになります。人数が一定規模になるとそうせざるを得ない側面があります。部下は「自分の評価は3割増し」です。また、管理職は部下がかわいい、部下に厳しい評価をつけたくありません。ですので、そのままつけさせると4以上が連発します。

それを回避するために部門長が相対バランスをとるガイドラインを示します。たとえば、４以上は2割、3が6割、2以下が2割などです。２６２にこだわらず、上位評価から３６１でもいいと思います。

人事評価は絶対評価であるべきだとの主張が多くのコンサルタントからなされます。

理屈上は適切な基準がつくれて、人事評価者が常に客観的で公平な視点で物事が見れるのなら、絶対評価で評価する以外、考えられません。しかし、それは経営の現場では空理空論なのです。

筆者も基準づくりに明け暮れ、数十回以上、人事評価者訓練をさせていただいた経験があります。

結論的には全く意味がなかったというのは言い過ぎですが、あまりにも費用対効果が悪い、と言わざるを得ません。

特に人事部がない中小企業に継続的な評価基準の見直しや、評価者の目線をあわせる人事評価者訓練など不可能なのです。

人事評価は「被評価者（部下）」を評価するものです。

しかし、**その中身を見ると評価者（上司）の独特の点数傾向が浮き彫りになります**。社長からすれば、「●●課長の見方は不公平だ」「××部長は厳しすぎる」「△△室長はやたらと甘い」などが目につきます。

結局、被評価者（部下）の評価というより、「評価者（上司）の性格・傾向がよくわかるだけ」という結果になることが多いのです。

各評価者があまりにもクセのある評点結果なので、役員会で「調整」という名のもとにガラッと変更してしまうという事態が中小企業ではあとを絶ちません。

結論として本やセミナー、ネットに出回っているコンサルタントが作成した「人事評価表」は要りません。もっとも、この「人事評価表」は会社が適当に評価しているわけではないよ、一定の基準をもって真面目にやっているよ、ということを社員にアピールする「アリバイづくり」には役に立つかもしれません。

キーワードは「1人3役」

右記に人事評価項目で述べた「協調性」の「他人の仕事でも進んで手助けしたか」はいわゆ

るジョブ型とは対局にあります。

ジョブ型とは職務記述書（ジョブディスクリプション）があり、そこに定めれた職務を遂行することが原則だからです。

逆に他人の責任・権限内の仕事を手伝うのはマイナスととらえられてしまうかもしれません。

中国では、Ａさんの欠員が出たので、Ａさんの仕事をＢさんにお願いするとＢさんから「別途手当がないと嫌だ」とクレームが出ます。仮に所定労働時間の範囲内で遂行可能であってもです。ジョブ型の発想なら自然です。しかし、日本ではその発想はありません。日本は労働時間と賃金とが密接に結びついています。

筆者のいう「勤続重視ジョブ型」は職務記述書などつくりません。

協調性がペケの人は会社から評価されません。「協調性」「チームワーク」は日本の職場で最も大切なものです。これはずっと変わらないと思います。

また、「積極性」も重要です。

誰がしても良い仕事、自分がやる必要のない仕事を積極的に買って出てやる、このような自主性のある社員こそ、社長が欲しい人材です。

さらに例外がないのは上位の人はずっと上位、真ん中の人はずっと真ん中、下位の人はずっと下位なのです。

社員120名の製造業K社のある会議では、某管理職が「いかに自分の部下の出来が悪いか」を演説していました。

どうやらもう何年も最低ランクの評価をつけていると言うのです。しかし、その「出来の悪い部下」を今後、会社としてどうするのかについて、その場で具体的な議論は行われることはありませんでした。そこで行われるのは甘い部門の評価を全体的に引き下げ、辛い部門の評価を全体的に引き上げただけです。

ちょうどK社の業績が半導体の関係で、芳しくない時期でしたので、わずかな賞与金額の差をどうつけるかについて、10人以上の管理職が取り留めのない話をするわけです。

それなら部門長がおおむね割合262か、371か、相対バランスを意識して役員に提出することで足りるのではないかと思わざる得ません。

フィードバックが重要だと言うけれど……

「評価のフィードバックが重要だ」とコンサルタントや人事の専門家が口を揃えて指導します。でもこのフィードバックが上手にできている会社は少ないです。皆無と言ってもいいかもしれません。さらに言えば、フィードバックがうまく言っていないかさえ把握していません。結局、評価者（管理職）任せでどんなフィードバック面談が行われているか、その内容はどうかについてチェックする体制にはないのです。

ここでいうフィードバックには大きく以下の種類があります。

パターン１　一つひとつの評価項目の点数・評定を被評価者に公開するとともに合計点数又は評定を（ＡＢＣ）を通知する。そして、その項目毎に説明・フィードバックを行う。

パターン２　パターン１によらず、合計点数又は評定（たとえばＡＢＣ）の結果のみを通知する。ポイントを絞ってその説明、フィードバックを行う。

パターン３　パターン１、パターン２によらず、何が良くて、何が悪かったのか、全体としてどうであったかについてポイントを絞って説明、フィードバックする。

一般的な人事評価のフィードバックは「パターン１」を指導されます。

書籍やセミナーでコンサルタントが語る内容です。

詳細で精緻な人事評価表をもとに「パターン1」を実施するのが理想とされるのです。

当然のことながら、人事評価表の項目と点数結果はすべて本人に公開するのが原則です。

それをもとに上司・部下で話し合えというわけです。

筆者は僭越ながら労務に精通し、ビジネスコーチング、目標設定面談、人事評価者訓練なども指導する立場にあります。しかし、そんな筆者でも自社の社員に「パターン1」をやるのは嫌です。

なぜならば、難しくてストレスが高いからです。さらに、その労力に見合って社員の士気が高まるとは思えません。

中堅企業のT社では「パターン1」で評価のフィードバックをやるようにルール化されていました。

目標設定項目をあわせて、人事評価項目は20項目ほどあります。

一つひとつの項目と点数を公開しています。

人事部からは「ポイントを絞ってフィードバックしなさい」というお達しでした。

しかし、現場ではそうはいきません。一つひとつの項目において、「なぜ私のチームワークの項目が4点ではなく、3点なのか」「知識スキルの評価が4点から3点に下がった理由を聞きたい」など面談がいつも紛糾するのです。細かな矛盾をつかれて肝心な上司から部下に言いたいことがなかなか伝わりません。

さらに、筆者は「パターン2」も敢えてやりたくないという気持ちがあります。

多くの人は真ん中のB評価または3点の標準ですが、「あなたはBです」「あなたは3点です」と言っても当人にとっては何の嬉しさも、期待もありません。

また、人間は自分の評価は「3割増し」です。問題社員に至っては5割増し、7割増しという傾向もあります。

B評価の人は、自分はA評価だと思っていますし、C評価の人は少なくともB評価だ、人によってはA評価に違いないと思っているものなのです。

ただし、細かな評価項目を逐一説明しませんので、フィードバックの難易度はパターン1よりは低く、中程度だと言えます。

「パターン３」は難易度が低いです。

しかし、どのような内容をフィードバックするのか、上司（評価者）によって左右され、フィードバックの質は保てないかもしれません。

先に述べたように実際に社長や役員はフィードバック面談でどのような会話がなされているのか、知りません。フィードバック面談の質を担保する仕組みが存在しないのです。

気の利いた会社では面談・コーチング研修などが実施されることはあります。

しかし、人事評価との関連で、どのように「評価」をフィードバックするのかということが定まっていないことが多いのです。

社員２４０名の卸売販売業Y社は人事制度導入当初は人事コンサルタントに「パターン１」を指導されました。

しかし、多くの管理職がいつのまにかめんどうでかつ難しいので、フィードバックをほとんどの管理職がやらなくなってしまいました。

社長も総務部長もやっていない、またはいいかげんになっていることは知っていましたが、何ら対応はされていません。会社として重要性をご認識のように思えません。

社員90名のシステム開発会社G社は「パターン１」でやると決めていました。

しかし、管理職によって対応がさまざまです。人によっては、パターン1をやっていたり、パターン2をやっていたり、パターン3をやっていたりしました。全くフィードバックをやっていなかった人もいるくらいでした。

「役員たちで決めたので、評価の根拠がわからない」と言う人もいました。

K社は社員5000人の企業です。人事制度はしっかりと出来上がっています。しかし、人事部長はこのように漏らします。「点数をつける、評定をつけたらそれで終わりとなってしまっている。フィードバックをしっかりするという文化がなかなか根付きません」。

大手企業においてもフィードバックが機能していない会社は多いと推察します。

筆者は結論として、以下のように判断しています。

「現在の一般的な人事評価制度の枠組みでは有効なフィードバックは難しい」

では、中小企業でも有効なフィードバックを実施するには何が必要なのでしょうか?

フィードバック会議とは?

一般的な人事評価表を一生懸命つけていても有効なフィードバックはできません。

人事評価表の点数や評定つけることと、フィードバックを本人に伝えることは全く別の思考回路を使う作業だからです。

人事評価の点数付け、ＡＢＣの評定付けは適当にやり過ごし、フィードバックをいかにしっかりやるかに頭を切り替えます。

フィードバックをしっかりするためのポイントはフィードバックの準備を行うことです。

その準備とは二次評価者（たとえば、部長）、一次評価者（たとえば、課長）が、被評価者に何をフィードバックするのか具体的に事前に話し合うことです。「点数や評定」についての議論に会議の時間を費やすのではなく、「人」に対する議論に時間を費やすことになります。上司である評価者が被評価者を「どう思うか」ではなく、その被評価者に「何をメッセージし、どうしていくのか」を考える時間をつくるということです。

話し合うフィードバックの内容は以下です。

つまり、フィードバック面談をする前に会社の仕組みとしてフィードバック内容を言語化する時間をつくります。もっとも、上記のようなフィードバックメモを記載して手渡すということではありません。あくまで、面談時のシナリオであり、上司側のメモです。

最も重要なところは行動や事実に基づいてフィードバックを行うことです。
「あなたの……の行動が素晴らしい」「君の……対応で……という発言をするのが改善してほしい」など常に事実に立脚して行うことがポイントです。

このように評価者（上司）が被評価者（部下）をしっかりと把握し、それに基づいて評価しします。その評価に基づき具体的なメッセージをしっかり考えたうえで伝えます。これこそ人事評価として完結し、人事評価をしっかりとやっていることになるのではないかと考えています。

もう一つ付け加えると、評価者の甘辛はどれだけ人事評価者訓練を重ねても補正できません。つまり、部下を「どう思うか」はバラツキが大きいのです。しかし、「フィードバック内容」を事前補正することは比較的容易です。

筆者はこのフィードバック内容を考える会議にいくつか参加しましたが、「この部下（被評価者）を今後どうすべきか？」という対応についての方向性はそれほど大きな認識のズレはないということです。

「どう思うのか」ではなく、「これからどうするか」を議論すれば、実務上、話が噛み合うの

評価フィードバックメモ（管理職用）フォーマット例

評価フィードバックメモ（管理職用）

部署　　役職　　名前

評点（参考）

成果　　行動　　　総合　　点（２０Ｘ１年）
成果　　行動　　　総合　　点（２０Ｘ２年）
成果　　行動　　　総合　　点（２０Ｘ３年）

フィードバック内容
良い点（行動・成果）

改善すべき点（行動・成果）

今後期待したい役割・行動・成果

上司コメント（特記事項）

です。これを二次評価者と一次評価者で少なくとも年1回以上は話し合い、この内容を人材育成方針とすることです。

重ねて申しあげると、ポイントはフィードバック内容を面談の前に上司たちで言語化することです。

これをしっかりやることで、「会社が何を評価しているのかわからない」「会社に評価制度がない」「上司は自分を見ていない」「あの人に評価されてたくない」「会社の評価はいいかげんだ」という問題は軽減していくはずです。コンサルタントや人事の専門家が一生懸命指導する「基準づくり」「その当てはめ」「点数・評定付け」はジョブ型においても本質ではないのです。

あとがき

理念経営、人的資本経営、パーパス経営、大家族主義経営……、いろんな経営が叫ばれます。筆者は中小企業の社長の経営力とはまずもって、とにかく稼ぐ力であると考えています。「オヤジ（社長）についていけば食いっぱぐれない」というリーダーの生活力の強さです。しかし、ゼニだけで仕事をするのは悲しいので、社員が「ロマン」や「誇り」を持って食べていけるという、取り憑かれたような使命感が社長には欲しいのです。

中小企業は稼いで結果を出して、しっかりゼニを配った後に、「私の理念は、実はこうだったのです」、と後から社員に言うくらいでちょうどいいのではないかと思っています。

本書の中で賃金というのは労働市場の価格なのでマーケットの論理と労働生産性で決まるということを再三申しあげてきました。

これからの日本は人口減少・総需要減少、労働供給制約が加速します。超・高労働生産性経営が益々必要となります。労働生産性とは付加価値÷人数又は労働時間でした。単なる労働生産性向上ではダメで爆発的な労働生産性の向上が求められます。これは今までの延長線上で経営をしていたのでは実現できないレベルのものです。

人口増加・総需要増加・潤沢な労働力が前提であった時代は、顧客を増やすべく、拠点を増やす。そして、人を増やし、売上利益の拡大を求めました。その先に結果として労働生産性の向上や賃金アップも実現できたのです。

しかし、これからは、人口減少・総需要減少・労働供給制約社会の様相が益々強まります。これに対応するには労働生産性という指標から片時も目をそらすことはできません。キーワードは「賃上げ」なのです。

商品サービス力を磨き続け、客層を絞り、顧客を無理には増やそうとしない、拠点を増やさない、省力化投資をして安易に人は増やさない（減らす）。値上げして単価を上げて粗利益率を改善する。さらにリピート率を高めます。フルタイム・パートタイムを問わず、採用競争力のある初任給を提示し、見込みのある人材を定着・戦力化し、相場に負けないように昇給・ベースアップします。そして、数少ない良質な社員で、濃縮した組織をつくり込むのです。これが「勤続重視ジョブ型」給与が目指すものです。

日本型賃金システムは終わりの始まりであると本書で述べました。まさに日本型賃金システムは、人口増加・総需要増加・労働供給「無」制約時代という一時期にたまたま成り立っていたシステムと言えます。筆者は日本型賃金システムの崩壊という窓から、人口増加前提経営の行き詰まりという風景を垣間見ている気持ちになります。大きな発想の転換が必要だと感じます。

大して儲かっていないのに、今年の賃上げが済んでも来年にはまた賃上げ、それからさらにまた賃上げ……。そして、相次ぐ退職者の発生、「社長、人が足りません」と現場からの悲鳴。もう、勘弁してよ、とお感じになるでしょう。特に中小企業の社長にとっては地獄のような時代になると思います。

社長と幹部が一枚岩となって、いつでも戦っているんだという意識を持ち、油断せず、のめり込んで「超・高労働生産性経営」を実践していくほかありません。

まさに読者の皆さんのような「本物」だけが生き残れる時代となりました。緊張感を持って、顧客、社員、社会のために励むことを誓って終わりにしたいと思います。

福田 秀樹（ふくだ・ひでき）

人事給与コンサルタント、福田式賃金管理事務所　所長

1972年大阪府生まれ。同志社大学経済学部卒

平成12年に社会保険労務士として開業登録後、平成18年に人事給与専門コンサルタントの専門会社を設立。開業以来、一貫して中堅・中小企業の人事給与問題に特化し、300社以上の経営支援に関与する。各社の実情に即しながら会社の強みや特徴を最大限に引き出し、問題解決に導いてきた第一級の実務コンサルタント。著書に『監督官がやってくる！小さな会社の労基署調査対策』（日労研）、『はじめての就業規則100問100答』（明日香出版社）、『社員をやる気にさせたければ、その人事給与制度をやめなさい』（スタンダーズ社）などがある。中小企業の賃金管理の第一人者　北見式賃金研究所　北見昌朗氏、一貫した人事制度理論に定評のある　河合コンサルティング　河合克彦氏に師事する。

福田式賃金管理事務所　https://fukudasiki.com/

小さな会社のための人があつまる
勤続重視ジョブ型給与制度の作り方

2024年５月２日　初版第１刷発行

著者　福田秀樹

カバー　小口翔平＋青山風音（tobufune）
ＤＴＰ　有限会社中央制作社

発行者　石井悟
発行所　株式会社自由国民社
〒171-0033　東京都豊島区高田３丁目10番11号
電話　03-6233-0781（代表）
https://www.jiyu.co.jp/

印刷所　新灯印刷株式会社
製本所　新風製本株式会社
企画協力　我妻かほり
編集担当　三田智朗